AF351362

VOLUMEN 1 | NÚMERO ESPECIAL | AÑO 3

ISSN: 2344-9950 | ISSN WEB: 1853-5887

Indexado a Latindex (folio 23408)

© Editorial Buenos Aires Poetry

Director: Juan Arabia

Diseño Editorial: Doppelgänger © Camila Evia

www.buenosairespoetry.com

Colaboran: M. G. Burello | Lucas Margarit | Neil Leadbeater | Jared Spears |
Traducciones: Luis Benítez | Ramiro Vilar | M. G. Burello | Juan Carlos Villavicencio |
Armando Roa Vial | Carlos Viola Soto | Florencia Evia | Ana Sánchez | Juan Arabia

—

Ezra Pound, escritor del siglo.

Para empezar, una intuición, a la vez provocativa y resignada: la de que entre los adeptos a la poesía el solo nombre de Ezra Pound será progresivamente evocado como sinónimo del poeta de su siglo, así como Emerson pudo hablar en su momento de Goethe como el hombre de letras representativo. Mi profecía es poco audaz, lo sé, porque hoy en día ya es casi constatable en el medio literario local e internacional, y no implica, por cierto, que Pound será cada vez más *leído* (siempre fue y será fatídicamente un autor para los autodenominados *happy few*), sino apenas que será *considerado* el poeta por antonomasia de su época, signada —*pace* Hobsbawm y Badiou— por la violencia y la vehemencia. Anteponiéndose a Paul Valéry y a T. S. Eliot (con quienes tanto tuvo en común, estética e ideológicamente), anteponiéndose a muchas plumas insignes en lengua italiana, alemana, española y rusa (Pessoa quizás bastaría por sí solo para incluir también el portugués), ese nombre bíblico seguido del breve y eufónico apellido, ese sintagma trisilábico, *Ezra Pound*, que muy al estilo de los *founding fathers* conjuga al patriarca semita y al intelectual sajón, viajará por el tiempo hasta adueñarse de la consabida aposición "el (¿gran?, ¿mejor?, ¿máximo?) poeta del siglo XX". Sin ánimo exhaustivo, arriesgo unos posibles motivos para el paulatino y fatídico reconocimiento no del sujeto de carne y hueso llamado Ezra Pound, sino de su *persona* (para usar un concepto latino que lo fascinaba), de su imagen pública y de su nombre como abstracción.

Abundancia. Longevo y prolífico, Ezra Pound se erige ante nosotros como la figura de la vitalidad y la subsiguiente creatividad. Autor, traductor, editor y mentor durante décadas, en distintos países y contextos diversos, más que el estanque (*pond*) que evoca su apellido, su imagen simbólica sería la de un río o un manantial: inagotable. Sus libros se superponen y subsumen entre sí, hasta decantarse en la serie de Cantos, que se nos antoja infinita. Vivió y escribió tanto como George Bernard Shaw, regaló tantas ideas como Oscar Wilde (estos parangones con autores irlandeses le habrían gustado): dandi y superhombre, todo en uno.

Eternidad. El abordaje atemporal de la tradición poética lo destemporalizó, por así decirlo. De ahí que ya no importen sus obras individuales: cada verso, cada renglón suyo conforma un corpus sin principio ni fin. Más en su caso que en casi cualquier otro, periodizar la obra literaria es un pobre subterfugio académico. Lo más sensato es enfrentarla cual un compendio, como él mismo hacía cuando la seleccionaba y la recortaba, abusando de su recurso dilecto: el montaje.

Poliglotismo. El culto de la traducción como trasposición o apropiación, propalado como nadie por el *poeta doctus* Ezra Pound, recupera inequívocamente el sueño de la lengua adánica, pre-babélica: un anhelo subyacente a cualquier proyecto poético de fuste, y acaso también oculto en toda utopía futura. Decir en el propio idioma lo que el hablante de otro idioma hubiera dicho aquí y ahora en un lenguaje ajeno: ideal de la reencarnación, y por qué no, del canibalismo. Todas las lenguas la lengua.

Hermetismo. Lo proverbialmente ubicuo y omnímodo tiene que ser aprehendido y cultivado por seguidores fieles, así como un dios precisa sacerdotes abnegados que difundan su revelación. Las opacidades y sofisticaciones de la verba poundiana piden selectividad; sus lectores —que quizás ni siquiera lo leen con frecuencia— gustan sentir la pertenencia a algo sagrado, exclusivo, mejor. En el ámbito artístico, regido por lo que Bourdieu bautizó "economía a la inversa", el precio de ser quintaesencial es ser minoritario. "Si es arte, no es para todos, y si es para todos, no es arte", dijo Arnold Schoenberg.

Locura. Más allá de una cierta paranoia propia de la época, Pound no padecía otra patología que la del desprecio del positivismo en todas sus formas y la veneración de los caudillos y los líderes, que supuestamente se ocuparían de las trivialidades prácticas para que los hombres de espíritu puedan dedicarse a la belleza.

(El *duce* era ante todo un confeso *trouble-shooter*, que alegaba no descansar jamás para poder ayudar al pueblo italiano.) Pero aunque por escasez de recursos lo tildaron de enfermo mental, el rótulo denigrante no ha hecho sino agigantar su nombre y su destino, encendiendo la curiosidad de potenciales nuevos lectores. Todo *poeta faber* que se precie ha de tener una cuota de *poeta vates*. Como Robert Graves nos lo recuerda, la madre del estro lírico, la luna, detenta su autoridad por su condición nocturna, pero atención: además tiene una cara oscura…

Especialización. Que sepamos, Ezra Pound sólo se dedicó a la poesía, es decir, al ejercicio inventivo y desinstrumentalizado del lenguaje. Los demás hechos de su vida son subsidiarios, al punto de que una biografía suya, como una de Borges, a la vez que un libro arduo necesariamente ha de ser una chapuza con fines de lucro. De hecho, la reclusión en el sanatorio propició su máxima concentración en el auténtico objeto de su vida: la lectura y la escritura. ¿Amores, penas, acontecimientos, viajes…? Poesía, sólo poesía. Por lo general, de los escritores se conocen sus amantes; de Pound, en cambio, se conocen… sus amigos escritores.

A estos factores, en parte biográficos, en parte inherentes a su obra, agrego —no sin malicia— el de la prevalencia de la lengua inglesa. Un dominio lingüístico hegemónico, avalado por la política y la economía, y que en la actualidad determina que tanto legos como "entendidos" pongan infantilmente a Shakespeare por sobre Homero y Dante, cual si el canon humanista debiera devenir el *top five* de alguna emisora radial, y que los mercaderes literarios frunzan el ceño ante la falta de traducciones del o al idioma más comercial. Fascista impenitente y sinólogo en pantuflas, Pound es empero tan impensable sin los Estados Unidos de América como el mismísimo Whitman, que de lejos nos parece su antítesis. Mal que nos pese, el inglés es la *lingua franca* de la aldea global que habitamos, y su vulgaridad posibilita (¿garantiza?) la circulación privilegiada de sus productos más distinguidos. *Sad, but true.*

Para concluir, una admonición, ojalá salutífera: nadie puede pronunciarse con fundamentos sobre la poesía del siglo XX si no ha *leído* extensamente a Ezra Pound. Nombrarlo, puede nombrarlo cualquiera.

§

EL POETA EN EL MANICOMIO

-

Poco antes de que Hitler invadiera Polonia, Ezra Pound me escribió diciendo que la ayuda suministrada por Mussolini al generalísimo Franco, no era más que una tentativa para limpiar un pantano de mosquitos. Le repliqué con una explosión de cólera: él, Ezra —le dije— era un triste representante de su país, etc. Declarada la guerra, dejamos de escribirnos durante varios años.

Cierto día, al volver a casa, Floss me contó que uno de los empleados del Banco preguntó si yo sabía de alguien en Italia conocido como Ezra Pound. Agregó que durante la tarde del día anterior dicha persona había hablado por radio y había dicho que el doctor Williams, de Rutherford, Nueva Jersey, lo comprendería.

—¡Dios mío! ¿Con qué derecho me arrastra en sus sucias historias?

Sólo repito lo que me dijeron —respondió Floss—. Tus "amigos" siempre te envuelven en sus historias.

Le pregunté al empleado, pero no sabía nada más. Había captado la audición por casualidad. Nunca escuchaba ese programa.

Luego, otro día, un joven me abordó en la puerta de mi oficina, me mostró sus papeles y me preguntó si había escuchado las audiciones de Ezra Pound en la radio italiana.

Le dije que no, pero que había oído hablar de ello.

—¿Sería usted capaz de identificar su voz?

—No, seguramente no; pero podría quizá reconocerla.

—¿Es amigo suyo desde hace mucho tiempo?

—Sí, desde la época de la Universidad.

—¿Aceptaría testimoniar que la voz que usted escucha es la voz de su amigo?

—Por cierto, si estoy seguro de que realmente es él quien habla ¿Pero cómo puedo estar seguro?

—Nosotros le traemos las grabaciones de sus audiciones a su oficina con un magnetófono. ¿Es usted un ciudadano leal? — dijo mirándome fijo a los ojos. Me quedé turbado.

—Por supuesto que sí. Yo he consagrado, puedo decirlo, toda mi vida a mi país; he intentado servirlo por todos los medios. Hasta he escrito un libro sobre el tema.

—¿Qué libro?

—Se llama *In the American Grain...* y he escrito muchos artículos y ensayos críticos. Soy Williams. Carlos Williams, el escritor. Le daré el libro si usted quiere.

—No será necesario. Tenemos que establecer que esas audiciones, dirigidas actualmente contra nuestro gobierno, son en verdad obra de Ezra Pound. ¿Usted tiene dos hijos, doctor Williams?

—Sí, están en la Marina. Uno es médico, en el Pacífico, y el otro está a bordo de un destructor-patrullero entre Europa y Estados Unidos.

El F.B.I me visitó dos veces durante la guerra, pero nunca escuché las grabaciones. Poco después recibí una carta de un amigo que había tenido la ocasión de oírlas en Washington. Me dijo que estaban divididas en dos partes: la primera parecía ser de Ezra Pound, que lanzaba insultos contra el presidente Roosevelt, su familia y los judíos apátridas a quienes hacía responsables de todo. La segunda parte, según mi informante, parecía estar a cargo de otro, que formulaba proposiciones y argucias más histriónicas que razonables.

—

Un año después de finalizada la guerra recibí de vuelta la carta que le había enviado a Ezra y en la cual lo cubría de anatemas a propósito del asunto de Franco. Yo había sido presidente del comité local de la Ayuda Médica a la España Leal. La carta había sido abierta por las autoridades. Pound, al menos, no la había visto jamás. Es así como desde el comienzo, mi nombre debió haber estado asociado al suyo. Ahora, Pound está encerrado en un asilo psiquiátrico en Washington.

Cuando actualmente quiero ver a Ezra Pound, debo ir al hospital Saint-Elizabeth en Washington, donde fue encerrado luego de su detención, al finalizar la última guerra. Es un edificio de piedra gris que, estoy seguro, fue diseñado y construido a principios de este siglo, con altas ventanas con barrotes y anchas y muy vastas salas. Al final de ellas se encuentra una persona protegida por un simple biombo, en un rincón. Cada día de una a cuatro, si él lo desea, tiene permiso para recibir visitas. Cada vez que he ido está allí su mujer, Dorothée. Creo, en realidad, que ella va todos los días, desde el encarcelamiento de Ezra. En los hermosos días de verano está autorizado a pasar la tarde con ella en el parque. Es un pensionista ejemplar según dicen los que se encargan de él. Sólo el futuro dirá si va a salir de esta situación.

La primera vez que fui a visitarlo me sentía muy inquieto. La demencia me ha inspirado siempre una repugnancia instintiva, como de algo desconocido.

Me afectó mucho saber que se encontraba encerrado las primeras semanas y meses con enfermos más o menos desesperados. Al salir de una reunión del consejo de administración de la biblioteca del Congreso, en Washington, tomé un taxi, preguntándome qué iría a encontrar. Luego de haber andado una veintena de minutos, entramos por uno de los portones aparentemente no custodiados. Era una hermosa tarde y me puse a buscar el edificio en el que me habían dicho que estaba encerrado. No sé cuántas hectáreas cubre el hospital, pero tuve que recorrer de una a otra punta hasta que al fin encontré el edificio en cuestión. Le dije al conductor que me esperara y entré a pedir un pase.

"Usted encontrará a Ezra Pound sentado allá bajo los árboles, con su mujer", me dijo un hombre.

Efectivamente, estaba allí, en una *chaise longue* nueva; delante de él, Dorothée leía en voz alta. Me aproximé, atravesando un grupo de pensionistas que me miraban con curiosidad. Ezra no esperaba mi visita… De manera que cuando estuve muy cerca y me reconoció, saltó de su silla, apretó mi mano tendida, luego me estrechó en sus brazos.

—¡Caramba! —dijo Dorothée—, ¿es Bill Williams, no es cierto?

Hablamos una hora ese día. No había cambiado mucho, tenía la misma barba y los mismos tics en las manos; no dejaba de mover sus espaldas sobre el respaldo mientras me examinaba, con su sonrisa socarrona, entrecerrando los ojos; tenía su acostumbrada risa entrecortada, y se expresaba como siempre con algunas palabras cortas, rápidas, sin construir frases. Yo me sentía muy feliz de encontrarlo tan bien.

—

Hablamos principalmente de la situación literaria de este mundo —situación bien mediocre—, y también de ciertas personas, de la falta de iniciativas de aquellos que deberían actuar, yo mismo entre otros.

Naturalmente no pudimos evitar el eterno tema, la economía política. Ezra reiteró una de sus grandes ideas, que muchos comparten con él: la banca internacional nos precipita a todos a la ruina; por períodos cada vez más cercanos, y las guerras son provocadas por la banda que gobierna Rusia, Inglaterra, Francia, Alemania, Estados Unidos, etc. Esos individuos son identificables, sus características conocidas, y dan la posibilidad a muchos, pero no a todo el mundo. Ezra repite que en el presente el principal criminal es F. D. Roosevelt. Yo no podía hacer nada más que escuchar.

Dorothée también escuchaba. He aquí el marido con el que compartía con desvelo las tribulaciones. Todos aquellos que la ven y conocen, respetan y aman profundamente a esta inglesa grande y austera. Los Pound no tienen dinero. El primer invierno Dorothée vivió en una habitación sin calefacción, en el tercer piso de un edificio contiguo al hospital. Nosotros la invitamos a venir a vernos y descansar en casa, pero ella lo rechazó.

Me acuerdo de ese día, bajo los árboles, hablamos, entre muchas otras cosas, de Nancy Cunard y de su vida bajo la ocupación alemana y de Wyndham Lewis. Ezra y Dorothée rieron cuando les conté algunas de nuestras aventuras el verano pasado, en Buffalo. Ezra creía a Lewis un poco loco; pero pensaba que era uno de esos raros individuos que conocen los escapes necesarios para subsistir. Si se conociera el complot de los diferentes estados sería un juego de niños, según Pound, establecer una sólida base de gobierno y asegurar la paz. Pero él cree que en Washington no hay más que cinco hombres que están al corriente de las cosas fundamentales y, a su entender, Tinkham, de Massachussets, es uno de ellos. No es pues más que por azar que se llega a hacer alguna cosa útil.

Además está convencido, por ejemplo, de que si Stalin le hubiera acordado una entrevista de cinco minutos, él habría podido revelarle su error de razonamiento e influido para que actuara de otra manera y que todos los malentendidos y desastres que siguieron habrían sido evitados.

Pound se pregunta: ¿Estamos reducidos a ser los idiotas desvariados en la penumbra de un humor crepuscular por ser poetas? Nuestro desarrollo como hombres, objetivo hacia el cual tienden nuestros deseos, no puede alcanzarse si nos negamos a ver el muro tan real que se levanta en nuestro camino. En esta situación, el poema debe buscar destruir ese bloque, a fin de que podamos realizar todo lo que nos prohíben alcanzar.

Hablamos también de aquellos que conocen las escapatorias de los que gobiernan y se oponen a la jauría de los "legisladores"; los guías compasivos pero ignorantes que hacen el juego a los criminales de las ciudades, los estados y las naciones. Y de nuestro primer deber en tanto que artistas, nosotros que somos los únicos miembros de la comunidad que conocemos algo y que debemos abrazar todo el campo del conocimiento. No pretendo trasladar las exactas palabras de Ezra, pero intento transmitir lo que sentí de ese arrebato, de esas frases inacabadas y sus réplicas. Debía volver a Washington. Él se levantó para despedirme y caminó hasta el portón, la cabeza llena de pensamientos. Afuera, llamé a un taxi.

—

Nos pusimos a conversar, el conductor y yo, como hago siempre con esos importantes mensajeros, hablando antes que nada del clima de la región. Le digo que soy médico y que fui al hospital a ver a un viejo amigo que estaba encerrado. Pero el hombre, como todo el mundo, se interesa especialmente en él mismo.

—¿Así que usted es médico? Dígame doctor, me duele la espalda. Mientras estoy sentado frente al volante estoy bien, pero apenas me levanto, algo me hace mal.

—Podría ser que tuviera quizás una fractura de disco. ¿Desde cuándo está así?

—Más o menos dos años.

—¿Cómo empezó? ¿Bruscamente después de un accidente, o luego de haber levantado algo pesado?

—Me di cuenta más o menos una semana después de haberme acostado con una de mis amiguitas. Hicimos todo lo que se puede imaginar. Alrededor de una semana más tarde comencé a sentirlo. Creo que es eso.

—Habrá sido demasiado.

—Y sí, creo que soy demasiado fuerte.

Guardamos silencio un instante en un cruce, y luego proseguí la conversación. Hablé de la situación política del mundo, y aquí el chofer tenía algunas convicciones bien firmes.

Me explicó que Stalin era un imbécil; que posiblemente pasarían dos o tres años sin que hiciera nada contra Estados Unidos y que durante ese tiempo nosotros deberíamos prepararnos para enfrentar un eventual ataque.

"Puede ser que usted tenga razón"; le dije.

—Seguro que tengo razón. ¿No haría usted lo mismo si estuviera en su lugar? Es necesario que ganemos, pero lógicamente él también quiere hacerlo.

—¿Y qué podemos hacer?

—Nada. Por ahora. Reflexionar y quedarnos en la legalidad.

—Es por haber pensado cosas como ésas que mi amigo fue encerrado allá, en ese hospital.

—¿Es posible? ¿Qué hizo?

—Emisiones antipatrióticas en Italia cuando estábamos en guerra.

—Fue un error. No se puede hacer eso. ¿Qué decía?

Entonces me lancé a una breve exposición de las opiniones de Ezra sobre la política internacional; el papel que le asignaba a la Bolsa, a la pandilla internacional que gobernaba al mundo, al fracaso de Franklin D. Roosevelt que fue incapaz de desenraizar el mal fundamental en el momento crítico.

El hombre me escuchaba con atención mientras hacíamos el camino hacia mi hotel a través del tráfico de Washington. Cuando concluí, detuvo el taxi y se volvió hacia mí.

—¿Y por eso lo encerraron? —dijo.

—Sí.

—No es loco —me responde, mirándome—. Habla demasiado. Eso es todo.

—

No tengo posibilidad de visitar a menudo a Ezra. Voy cuando puedo; como la última vez, por ejemplo, en pleno invierno. Cuando no podemos salir, debemos quedarnos cerca de las grandes ventanas, al lado de la vieja mesa de madera redonda, en esa especie de pequeña habitación limitada al fondo de la gran sala por el biombo estropeado. Nunca vi su celda donde está autorizado a recibir libros y otros pequeños regalos. Pound tiene 65 años ahora, y desde hace un año ha comenzado a engordar. Ha dejado crecer su barba, el bigote y sus cabellos rojos; esas largas mechas encuadran sus rasgos sin cambios de una manera semicómica, semivaporosa, aunque se creería ver el rostro de la Bestia del célebre film de Cocteau. Y en este sentido existe una semejanza aún más profunda entre Pound y esa criatura imaginaria del poeta francés: Pound tiene una gran admiración por Cocteau; el año pasado, Dorothée me envió sus últimos poemas.

Había oído que se habían iniciado gestiones para reabrir el proceso, y para intentar cambiar a Pound a un lugar más agradable que Saint-Elizabeth. Pero Pound se había negado, afirmando que sabía que sería abatido por un gran agente de la "banda internacional", en el momento en que franqueara la puerta del hospital. Puede ser que tenga razón, pero una cosa es cierta: no se callará jamás.

Toda mi vida, este amigo de siempre ha gritado contra mi poca prontitud para apreciar la gravedad de la situación internacional en los términos de su dialéctica. En muchos casos tuve conciencia de que analizó correctamente lo que concierne a la degradación criminal de la función del dinero, y el papel que debe jugar el poema en la batalla que debemos librar.

"Ataque a ese nivel", aúlla Pound.

Porque no vemos, como él nos hace notar, que en las formalidades del poema el criminal está seguro, bien protegido. Y tampoco entendemos que el poema (y no la poesía, ese hueso a roer) es la cápsula ideal donde a veces, hábilmente, ciertos hechos pueden conservarse protegidos.

De ahí proviene cierto odio hacia el poema, las tentativas odiosas y violentas para suprimirlo, el choque que a veces provoca, y la constante tentativa de difamación en relación a cualquiera que esté tocado por su llama. El poema es el instrumento eficaz de un asalto que a menudo es decisivo.

Se queman libros, se suprime la libertad de prensa, se encarcela a los autores, y aún se intenta con el mismo espíritu, quemar un cuadro como el de Guernica. Todo esto no hace más que afianzar a Pound en su decisión de servirse del poema como trampolín.

—

Hace un año, en este mismo mes de febrero, cuando dejé a Ezra y me dirigí hacia la salida bajo la lluvia fría, chapoteando el barro del parque, debí pasar delante de uno de esos viejos edificios. Comencé a reconocer lugares y mi territorio primero (a pesar de ser médico) ante todo lo que ocultaban, desapareció. El primer día había sentido la sangre helarse en mis venas al pasar la estrecha puerta de la torre desde la cual una interminable escalera de piedra, en caracol, conducía a los pisos superiores. Yo había subido un piso de más. Toqué el timbre y me abrió un desconfiado empleado. Me encontré rodeado de pensionistas alineados a cada lado del largo muro, que estaban parados, sentados o acostados en las baldosas. Seguí al empleado que luego de haber telefoneado al escritorio principal, para asegurarse de mi identidad, me dejó salir diciéndome que descendiese un piso y que golpeara con insistencia si nadie respondía al primer golpe. A eso ya me había habituado. Volví a encontrar un cierto sentido de la humanidad mientras ganaba la salida por un atajo, a menos de un metro cincuenta del edificio contiguo al de Pound. Un aullido regularmente repetido venía del edifico que bordeaba, y llamó mi atención. Entonces, al doblar la esquina, percibí una silueta que no podía dejar de mirar.

El parque que rodeaba a la institución estaba libremente abierto y sin vigilancia: se pasea, se entra o se sale, sin que a uno aparentemente nadie le observe, ni detenga. Pero levantando la vista del barro sobre el que marchaba con precaución, percibí a un hombre desnudo de pies a cabeza, e inmóvil. Los brazos levantados como para escalar un muro, aplastado contra una de las altas ventanas de ese viejo edificio como un pez contra la pared interior de un acuario; el vientre, por así decirlo, pegado al vidrio empañado o sucio por el mal tiempo. No me detuve pero continué echándole una mirada cada tanto. Miraba alrededor para ver si no había mujeres en las cercanías. Pero en este lugar no había nadie más que yo. Los órganos sexuales del hombre estaban aplastados contra la fría vidriera (puesto que debía estar bien fría), aplastado allí en esa actitud desesperada. ¿Cuándo vendrán a llevarlo? Después de todo, era un vidrio, aunque existieran barrotes detrás. La carne lívida, parecida al vientre blanco de una babosa separada del mundo exterior, estaba pegada al vidrio, en silencio.

Es por eso que escribimos, para que el grano se levante y de esta manera el poema se convierta en la prueba más sólida de la permanencia de la vida que puede reconocer la experiencia.

No sé si Pound, en apariencia tan poco preocupado por su encarcelamiento, es en el fondo culpable o inocente. Sus opiniones no variaron en nada.

Es necesario reconocer que Pound es un pensionista privilegiado y que el personal del hospital lo trata con cuidado. Pero él hace buen uso de los favores que le conceden. Trabaja sin cesar, lee interminablemente. El director de la Biblioteca Oriental de Washington le alcanza los textos que le interesan y que le hacen falta: está descifrando un cierto libro griego. Puede traducir; tiene su máquina de escribir; su erudición es más impresionante a medida que el tiempo pasa, sea cual fuere el resultado.

Y es necesario decir a favor de la reclusión, si sobrevive, que muchas de las más grandes obras han debido esperar para ser conocidas a que su autor fuera separado del mundo. Un hombre tiene necesidad de concentrarse para que su reflexión tenga frutos. Nuestros contactos nos cambian y nadie escapa a esta regla; pero para extraer el zumo, es necesario estar tranquilo. La celda de los monjes es ideal para esto, aunque esté limitada por las restricciones de su ortodoxia, y el carácter partidario de sus concepciones. Es, sin embargo, un refugio de paz al abrigo de los imperativos económicos. La prisión, de todos modos, es aún superior o parece haberlo sido en el pasado. Esopo era esclavo; más de un griego creó su obra maestra durante el exilio en Sicilia o aun en la ciudad vecina. Safo debió sentirse terriblemente confinada en Lesbos. Raleigh escribió bellas páginas en prisión. *Pilgrim's Progress* nació de una larga reclusión, pero el mejor ejemplo es *Don Quijote de la Mancha*, escrito cuando Cervantes estaba en prisión. Y hay todavía muchos ejemplos más.

—

El poema es la cápsula donde encerramos nuestros secretos punibles. Y si adquieren su virtud específica es porque encubren el único germen de vida, la facultad de desarrollar su estructura secreta hasta en los detalles ínfimos de nuestros pensamientos.

Es por eso que escribimos, para que el grano se levante y de esta manera el poema se convierta en la prueba más sólida de la permanencia de la vida que puede reconocer la experiencia. Actualmente, Pound escribe, y sea lo que fuera que piense de los gobiernos, del nuestro en particular, en este caso, eso le permite en los límites de su capacidad, utilizar las reservas de conocimientos acumulados en el capital nacional.

—Sí —le digo en el momento de separarnos una vez más luego de mi última visita—, eso que tú dices es verdad, pero no olvides, Ezra, que por más lógicos que sean tus análisis, la lógica, la lógica pura, no convence a nadie.

Por una vez no contesta, pero Dorothée levanta bruscamente los ojos, lo señala con el dedo y arruga la frente sonriendo, como diciendo: "touché". Él no dice una palabra. Pero cuando volví a Rutherford, me envió —como habiendo recuperado su respiración— una carta semiinjuriosa como es su costumbre, seguida de otra, una o dos semanas más tarde, cuando le hablé de la Autobiografía que estaba escribiendo, diciendo: "Puedes decir todo lo que quieras sobre mí, puesto que yo no tengo status legal en Estados Unidos".

§

Ezra Pound por Windaham Lewis

Salutación

Oh, generación absolutamente presumida
completamente fastidiada,
Vi a los pescadores hacer un picnic bajo el sol,
Los vi con sus familias desaliñadas,
Vi sus sonrisas y todos sus dientes
y escuché sus torpes carcajadas.

Y estoy más feliz que ustedes
Y ellos eran más felices que yo;
Y los peces nadan en el lago
y ni siquiera tienen ropa.

Traducción de ©Juan Arabia, 2015.

POR LUCAS MARGARIT

La poesía en el vórtice: Ezra Pound en
BLAST

Uno de los aspectos centrales en la poética del joven Ezra Pound es la proyección incesante que presenta su obra en diferentes medios para poder asistir a la modernización de la poesía en lengua inglesa, sobre todo en el caso de los poetas norteamericanos que en ese momento se encontraban en Europa. El año 1914 es un año plagado de acontecimientos importantes en la vida de Pound: se casa con Dorothy Shakespear, conoce a T.S. Eliot y comienza la Gran Guerra. Con respecto a su propia creación y promoción de la poesía moderna es un período de producción incensante donde encontramos un Pound entusiasta y trabajando con los cuadernos de idioma chino de Ernst Fenollosa y sus traducciones de poesía, lo que dará como resultado la publicación en la *Quarterly Review* de una serie de notas que incluía dos poemas "Kinuta" y "Hagoromo" y que posteriormente, a partir de sus propias versiones compilará el volumen *Cathay*; el descubrimiento y la promoción de la *Spoon River Anthology* de Edgar Lee Masters en la revista *Egoist* que él dirigía, revista donde también publicó, a comienzos de ese año su primer trabajo sobre la obra escultórica de Henri Gaudier-Brzeska, "La nueva escultura"; la discusión con Amy Lowell sobre el Imaginismo luego de editar y publicar *Des Imagistes: An Anthology*, etc.

Entre otras actividades debemos rescatar también su participación activa en las veladas que organizaba Windaham Lewis en su Rebel Art Center. En este centro Pound había dictado conferencias y había leído alguno de sus poemas cuando Lewis comienza a dar forma a una nueva revista que diera una visión nueva sobre el arte moderno. En 1914 aparece el primer número de la revista

BLAST, que fue el medio de difusión del movimiento Vorticista. En abril de 1914 ya había sido anunciada BLAST en la revista *Egoist*. En una página en blanco y negro se presentan las características de esta revista centrándose en la discusión y promoción del arte moderno: "Discussion of Cubism, Futurism, Imaginisme and all Vital Forms of Modern Art" [Discusión sobre el Cubismo, el Futurismo, el Imaginismo y todas las formas vitales del arte moderno].

Es interesante observar que hasta entonces no se hace mención del Vorticismo lo que nos hace suponer que entre la aparición de este número de abril de *Egoist* y la aparición del primer número de BLAST en julio de ese mismo año, se fue armando esta nueva idea a instancias de Pound. Sabemos que fue él el que dio nombre al grupo —tal como se afirma en este número inicial— que estaba conformado esencialmente por tres miembros, Lewis, Pound y Gaudier-Brzeska. Como muchas publicaciones de vanguardia, la revista BLAST tendrá también una vida efímera, sólo pasaron por la imprenta dos números, el primero programado para junio de 1914 (aunque apareció al mes siguiente) y el segundo de julio del año siguiente. La portada de la revista dará cuenta del espíritu que movía a estos poetas y artistas, un fondo rosado fuerte con el título BLAST atravesado en diagonal. Nada más, sin más información en el exterior, sólo el nombre como una explosión tipográfica.

Sin dudas encontramos puntos en común entre la teoría de la poesía de los imaginistas propuesta por Pound y ciertos aspectos de la teoría vorticista, es más, será el propio Pound quien lo sostiene en "Vortex":

EVERY CONCEPT, EVERY EMOTION PRESENTS ITSELF TO THE VIVID CONSCIOUSNESS IN SOME PRIMARY FORM. IT BELONGS TO THE ART OF THIS FORM. IF SOUND, TO MUSIC; IF FORMED WORDS, TO LITERATURE; THE IMAGE, TO POETRY; FORM, TO DESIGN COLOUR IN POSITION, TO PAINTING ; FORM OR DESIGN IN THREE PLANES, TO SCULPTURE; MOVEMENT TO THE DANCE OR TO THE RHYTHM OF MUSIC OR OF VERSES.

El aspecto que nos interesa es el de la imagen en relación a la poesía que es la base de los Imaginistas y su distancia de un romanticismo tardío centrado en la abstracción y a la evocación y no "al tratamiento directo de la cosa" tal como Pound pregonaba. Más adelante, en este mismo manifiesto, en el apartado "POETRY" afirma: "The primary pigment of poetry is the IMAGE", reafirmando la importancia de la imagen como centro de la escritura poética y también reafirmando la continuidad de su propia poética iniciada con el Imaginismo. Esto creemos que debe ser considerado ya que esta continuidad conforma una poesía y una poética coherentes —pese a los cambios evidentes— a lo largo de su producción.

En la revista de Lewis, Pound tendrá una participación importante, colaborando con poemas, firmando manifiestos y escribiendo textos de carácter programático como el que citamos más arriba. Por otra parte, también participa del vorticismo escribiendo y explicando su contribución al arte moderno en otras publicaciones tal como *Fortnightly Review* en el mismo año de aparición de BLAST. Allí explicará las diferencias entre el Futurismo y el Vorticismo, aludiendo a una cuestión particular que entra en conflicto en alguna medida con la perspectiva más radical de Lewis: "El vorticismo no tiene el curioso tic de destruir glorias pasadas". Creemos que esta característica de la poética poundiana se proyecta en toda su obra a partir de la consigna "Make it new" que no reniega de la tradición, sino que, por el contrario, la amplía hacia terrenos inexplorados del lenguaje poético, lo que se manifiesta ya en su primera producción poética, en sus participaciones en BLAST y, sobre todo, en el *The Cantos*. Esta idea la encontramos en uno de sus ensayos, "The Tradition" donde afirma que "El retorno a los orígenes fortifica porque implica el retorno a la naturaleza de la razón".

Volviendo a BLAST vemos que Ezra Pound participa en el primer número con una serie de 12 poemas de diferente extensión y con un tono particular en cada uno de ellos. Vemos desde una diatriba contra la visión conservadora de *The Times* frente al arte y la poesía modernos a la presentación de dos epitafios, uno dedicado a Fu I y el otro a Li Po, pasando por una meditación irónica sobre los hábitos del hombre. Evidentemente una de las características que encontramos en esta serie es el uso del verso libre como conformación de un lenguaje poético que sacude las palabras, pero que también articula una múltiple aproximación a la poesía desde lo cotidiano pero también desde tradiciones alejadas del mundo anglosajón (la poesía provenzal, la poesía china, etc.). El primer poema de esta serie, "Salutation the Third", es el más extenso de los poemas, donde de manera directa se hace una defensa del *modernism* a partir de una relación tensa con las reseñas y la presión de una mirada conservadora sobre la poesía de Pound. Lewis parece que le había pedido a Pound un poema con cierta violencia contra la imparcialidad de las críticas que recibían acerca de su producción y que lo hiciera de forma desagradable: el resultado fue este texto que incluso Pound había presentado para ser publicado en *Poetry* donde había sido rechazado justamente por su tono "desagradable". Es quizá el poema que más se acerca al espíritu de BLAST, contestatario, agresivo, directo. Leamos los primeros versos:

> Let us deride the smugness of 'The Times': GUFFAW!
> So much for the gagged reviewers,
> It will pay them when the worms are wriggling in their
> vitals;
> These are they who objected to newness,
> Here are their TOMB-STONES.
>
> [Burlémonos de la vanidad de The Times: ¡CARCAJADA!
> Demasiado para los reseñadores amordazados,
> Se les pagará cuando los gusanos se retuerzan en sus órganos;
> estos son los que objetaron la novedad,
> aquí están sus LÁPIDAS.]

Es claro el ataque, incluso en la forma como se presenta y la referencia a "newness" en tanto el poeta se ubica claramente en el ámbito de esa novedad frente a los postvictorianos y simbolistas defendidos por las reseñas de ese periódico. A lo largo de todo el poema podemos ver el uso de las mayúsculas como énfasis en diferentes versos, recurso que se anula cuando son incluidos en la edición posterior de *Personae*. Si pasamos a otra de sus colaboraciones que ya mencionamos, "Epitaphs", veremos que el tono cambia radicalmente, no sin cierto humor, pueden considerarse dos homenajes a estos poetas chinos, Fu I y Li Po que Pound había estado estudiando y traduciendo en este período a partir de las notas y de los cuadernos del orientalista Ernest Fenollosa que le habían sido dados en resguardo por la viuda de éste.

Fu I

Fu I loved the high cloud and the hill,
Alas, he died of alcohol.

Li Po

And Li Po also died drunk.
He tried to embrace a moon
In the Yellow River.
[Fu I

Fu I amaba la alta nube y la colina,
¡Ay! murió a causa del alcohol.

Li Po

Y Li Po también murió borracho.
Intentó abrazar una luna
en el río Amarillo.]

El primero es una versión de Pound del epitafio que escribió Fu I para sí tal como lo dice en una nota al pie en la revista, para ello se valió de las notas y versiones de Fenollosa; el segundo es una respuesta poética que da Pound al relato que cuenta Herbert A. Giles en su *History of Chinese Literature* acerca de la muerte del poeta. Cabe aclarar que varias de las traducciones que realizara Pound a partir de las notas de Fenollosa de los poemas de Li Po formarán parte del volumen *Cathay* y serán presentado con el nombre japonés del poeta chino, Rihaku.

Encontramos otro poema breve, esta vez de carácter epigramático, "L'Art, 1910", que posteriormente fue incorporado en *Lustra* en 1916.

Green arsenic smeared on an egg-white cloth,
Crushed strawberries! Come, let us feast our eyes.

[¡Arsénico verde untado en una tela blanca como un huevo,
frutillas trituradas! Vengan, deleitémonos los ojos.]

Es un poema eminentemente visual, donde la ironía permite combinar el arsénico con el resto de los elementos, como una yuxtaposición violenta que rehuye a una relación armónica entre los colores. Parece ser que se refiere a una exposición de pintura post-impresionista que había visitado en noviembre de 1910 y que no le había parecido nada agradable.

Otro poema de este primer número de BLAST, "Fratres Minoris", conlleva una historia particular en el momento de la edición de la revista. Este poema de siete líneas sufrió la auto-censura por parte de John Lane, editor de la revista, apareciendo tachados en la mayoría de los ejemplares ya impresos el primero y los dos últimos versos. Es un poema que descarga cierta violencia contra la posición de los poetas victorianos y postvictorianos. Tal como ya lo había señalado en otros textos, se opone a aquellos que se manifestaban en contra de la posición más vanguardista de la nueva poesía. El tono es evidentemente irónico y alusivo a la relación cuasi orgásmica de la vieja experiencia poética.

With minds still hovering above their testicles
Certain poets here and in France
Still sigh over established and natural fact
Long since fully discussed by Ovid.
They howl. They complain in delicate and exhausted metres
That the twitching of three abdominal nerves
Is incapable of producing a lasting Nirvana.
[Con las mentes colgadas sobre sus testículos,
ciertos poetas aquí y en Francia

aún suspiran acerca de un hecho natural y establecido
largamente debatido por Ovidio mucho tiempo antes.
Aúllan. Se quejan con una métrica delicada y exhaustiva
de que elespasmo de tres nervios abdominales
sea incapaz de producir un Nirvana duradero.]

El segundo número de BLAST se publicó en el mes de julio de 1915. En aquella oportunidad Pound colaboró con ocho poemas y también bastante diferentes entre sí y una sección denominada "Chronicles". Uno de los poemas más interesantes de este período y en relación a la perspectiva estética de la revista dirigida por Lewis es "Dogmatic Statement Concerning the Game of Chess" [Declaración dogmática sobre el juego de ajedrez]. El poema sigue una serie de prerrogativas que nos permitiría conectarlo con la poesía cubista, o más exactamente con el elemento cubista que podemos encontrar en el Vorticismo. Pound compone el poema a través del la presencia de la forma y del color. Nos encontramos debajo del título con la siguiente parentética "(Theme for a Series of Pictures)" [Tema para una serie de cuadros] lo cual nos permite sospechar el interés de Pound por relacionar la poesía con la pintura en un marco más formal de composición, constituyendo de este modo un texto altamente visual. Leemos las primeras líneas:

Red knights, brown bishops, bright queens,
Striking the board, falling in strong "L"s of color,
Reaching and striking in angles,
                    Holding lines in one color:
This board is alive with light
These pieces are living in form,
            Their moves break and reform the pattern
Lominous green from the rooks,
            Clashing with "x's" of queens,
                looped with the knight-leaps.

[Caballos rojos, alfiles marrones, reinas brillantes
acometen el tablero y caen en fuertes "L" de color,
se mueven y atacan en ángulos,
                              se apoderan de líneas de un color:
Este tablero está vivo de luz
Estas piezas están vivas como formas,
                    Sus movimientos rompen y renuevan el diseño
El verde luminoso de las torres
                Chocan con las "x" de las reinas,
                        Zigzagueadas con el salto de los caballos.]

Hay tres elementos que se entrecruzan en este poema y que son harto evidentes: el color, la forma y el movimiento. Elementos que arman un patrón con respecto a la composición de la imagen poética claramente relacionada con las nuevas formas de la pintura (cubismo, futursimo cúbico, abstracción y vorticismo). El poema parece estructurarse a partir de los movimientos en ángulos rígidos de las piezas de ajedrez y en la combinación visual que presentan dichos movimientos. En otro de sus poemas, "Our Contemporaries" [Nuestros contemporáneos], Pound nuevamente arremete contra los poetas de estilo victoriano, en este caso Rupert Brooke.

When the Taihaitian princess
Heard that he had decided,
She rushed out into the sunlight and swarmed up a cocoanut palm tree,
But he returned to this island
And wrote 90 Petrarchan sonnets

[Cuando la princesa tahitiana
se enteró de lo lo que él había decidido
fue rápidamente hacia la luz del sol y pululó sobre un cocotero,
pero él regresó a esta isla
y escribió 90 sonetos pretrarquistas]

Edward Marsh era el editor de la publicación *Georgian Poetry*. En el año 1912 se había encontrado con Pound y T.E. Hulme, uno de los "co-fundadores" del imaginismo, ya que quería publicar un par de poemas de Pound, "Ballad of the Goodly Fere" y "Portrait d'une Femme". Pound intenta convencerlo de que publique alguna de sus composiciones más "modernistas" y ante la negativa de Marsh se distancian y evidentemente formarán parte de grupos con estéticas bien diferenciadas. Esta situación es la que se muestra en el poema irónico que recién citamos. Para agregar más información acerca de su posición, Pound agregó en el final del poema una nota para los lectores franceses: "Se trata de un joven poeta que ha seguido el culto de Gauguin hasta la misma Tahití (todavía vive). Como es un joven atractivo, cuando la princesa morena se enteró de la intención de ofrecerle sus favores mostró su alegría tal como acabamos de contar. Lamentablemente sus poemas están llenos de sus subjetividades, al estilo victoriano de la *Georgian Anthology*". Claro está que Pound no sólo no publicó aquellos poemas en el ámbito de Marsh, sino que fue una experiencia que le permitió continuar con su defensa del modernismo como manifestación central de la poesía el inglés a comienzos del siglo XX.

La importancia de la presencia del joven Pound en BLAST es la relación compleja que mantiene con la novedad en el aspecto formal de sus poemas que contrasta efectivamente con la posición más radical de Lewis. Por otro lado el uso que hace Pound de la tradición como un telón múltiple que se entrecruza con esa modernidad epifánica y fugaz de la que forma parte. Esta revista, de algún modo, le proporcionó un espacio donde poder experimentar otras formas de composición y de violentar el lenguaje más allá de las tradiciones y de las vanguardias continentales. Experimentar es el juego en el que BLAST —junto a otras revistas de este período como *transition*— han participado para poder descubrir y revelar la mirada del hombre a comienzos del siglo XX sin dejar de lado el pasado múltiple que de algún modo las ha constituido.

§

Ezra Pound:
su métrica y su poesía

por T. S. ELIOT

1

"Siempre que se habla de poesía moderna por personas que entienden —escribió Carl Sandburg en Poetry— llega un momento en que se termina por sacar a colación a Ezra Pound. Tal vez se le nombra para maldecirlo como un licencioso y mordaz, afectado, frívolo y errátil. O tal vez se le clasifique como un hombre que viene hoy a llenar un hueco como el de Keats en una época anterior. El hecho es que se le mencionará."

No es más que una sencilla exposición de un hecho. Pero aunque Pound sea conocido, e incluso haya sido víctima de las entrevistas de los periódicos dominicales, no se infiere de ellos que se conozca a fondo su obra. Entre los que han leído sus escritos con algún detenimiento, habrá veinte personas que tienen opinión propia sobre él. De esos veinte, habrá algunos que se sientan sobresaltados, otros vejados, algunos irritados y uno o dos cuyo sentido de dignidad se sienta ultrajado. El crítico número veintiuno será probablemente alguien que conoce y admira algunos de los poemas, pero que dice: "Pound es primordialmente un erudito, un traductor", o "los primeros versos de Pound eran bellos; su obra posterior no muestra nada mejor que un prurito de publicidad, un malicioso deseo de molestar o un deseo pueril de ser original". Hay un tercer tipo de lector, bastante raro, que desde hace algunos años ha descubierto a Pound, ha seguido su carrera con inteligencia y reconoce su propia coherencia.

Este ensayo no se ha escrito para el vigesimoprimer crítico literario ni para el caso raro de vigesimosegundo que se acaba de mencionar, sino para el admirador de algún poema suelto, cuya apreciación puede producirle mayor fruto. Muy poca esperanza hay si el lector se encuentra ya en la etapa en que puede sostener simultáneamente dos afirmaciones como "Pound no es más que un erudito" y "Pound no es más que un periodista de la prensa sensacionalista", o como "Pound no es más que un técnico", y "Pound no es más que un profeta del caos". Pero hay lectores de poesía que todavía no han llegado a esa hipertrofia de la facultad lógica; todavía puede atraerse su atención no con un estallido de alabanzas, sino con una sencilla elucidación. El presente ensayo aspira solamente a esa elucidación. No pretende ser un estudio biográfico ni crítico. No se extenderá en los "primores": es un relato compendiado de una obra poética de diez años. Las reseñas críticas que se citan tal vez estimulen al lector a formar su propia opinión. No deseamos dársela hecha.

2

El primer libro de Pound se publicó en Venecia. Venecia fue un punto de escala después de su salida de Norteamérica y antes de que se estableciera en Inglaterra. Y allí, en 1908, apareció *A Lume Spento*. El volumen es ahora una rara pieza literaria; lo editó su autor y se hizo en una imprenta veneciana donde él mismo podía vigilar personalmente la impresión, en papel sobrante de una partida utilizada para una Historia de la Iglesia. Pound marchó de Venecia aquel mismo año y llevó consigo a Londres *A Lume Spento*. No cabía esperar que un primer libro de versos, publicado en Venecia por un norteamericano desconocido, despertara mucha atención. Al *Evening Standar* le cabe la distinción de haber advertido:

"… algo indómito y obsesivo, absolutamente poético, original, imaginativo, apasionado y espiritual. Después de los versos triviales y decorosos de la mayoría de nuestros decorosos poetas, este poeta parece un trovador de Provenza en una velada musical en las afueras de la ciudad… En ese extraño volumen en rústica está la inconmensurable magia de la poesía, y las palabras no sirven para describirla."

Como luego se incluyeron en *Personae* los principales poemas de *A Lume Spento*, el libro solo merece ser mencionado como una fecha en la historia del autor. *Personae*, el primer libro publicado en Londres, lo siguió poco después, a principios de 1909. Pocos poetas habrán iniciado su asedio de Londres con tan poco en que apoyarse; pocos libros de verso habrán debido jamás su éxito de modo tan puro a sus propios méritos. Pound llegó a Londres como un completo extraño, sin padrinazgo literario alguno ni medios financieros. Llevó *Personae* a Mr. Elking Matthews, a quien cabe la gloria de haber publicado *Wind Among the Reads* de Yeats (…). Matthews sugirió primero, como era natural en el caso de un autor desconocido, que el autor asumiera parte del coste de impresión. "Si le sirve de algo —contestó el último—, tengo un chelín en el bolsillo." "Está bien —dijo el señor Matthews—, de todas formas quiero publicarlo." Hubo unos cuantos críticos que lo apreciaron, especialmente el poeta Edward Thomas, en un artículo en *English Review*, donde reconocía la intensidad de los sentimientos espontáneos en *Personae*:

"No puede comparársele útilmente con ninguno de los escritores en vida…; está lleno de personalidad y tiene tanta fuerza para darle expresión desde el primero al último de los versos; la mayoría de sus poemas nos mantiene constantemente en un mundo suyo, puro, grave y apasionado."

Mr. Scott James, en el *Dialy News*, habla del elogio de su métrica:

"Al principio, tal vez parezca todo puro desatino y retórica, vana exhibición de fuerza y pasión sin belleza. Pero, a medida que seguimos leyendo, esas extrañas combinaciones métricas parecen seguir una ley y orden peculiares: la indómita fuerza de la imaginación de Pound parece comunicar cierta calidad de belleza contagiosa a sus palabras."

Pero aun un crítico tan favorable hace una pausa para observar:

"Nos desconcierta con palabras arcaicas y formas métricas insólitas; a veces parece despreciar las limitaciones de forma y metro, e irrumpe con cualquier género de expresión que se acomoda a su disposición emotiva."

Y aconseja al poeta *"un poco más de respeto por su arte"*.

En realidad, es precisamente esa adaptabilidad de la forma métrica a la disposición emotiva —una adaptabilidad que se debe a un estudio intensivo de la métrica— lo que constituye un importante elemento en la técnica de Pound. Pocos lectores estaban preparados para aceptar o seguir toda la erudición que encerraba *Personae* y su sucesor inmediato, *Exultations*, ni para leerlos con detenimiento que precisan. Aquí es donde muchos se han extraviado. Ahora bien, no es lo mismo esperar que el lector posea estos conocimientos, que hacer una exhibición de ellos: y de este último tipo de pedantería, Pound se encuentra libre por entero.

No obstante, aunque *Personae* y *Exultations* reclaman algo del lector, no le exigen un conocimiento del provenzal ni del español o del italiano. No sería exagerado decir que no hay un solo poema en esos volúmenes que necesiten una explicación más completa de la que da el propio autor. Lo que exigen los poemas es un oído habituado, o, al menos, una buena disposición a educar el oído. Las formas métricas y el empleo del idioma son poco comunes. Hay ciertos vestigios de influencias modernas. Probablemente hay sólo dos: Yeats y Browning. Yeats, por ejemplo, en el poema "La Fraisne", en *Personae*, en la actitud y algo en el vocabulario:

Envolví mis lágrimas en una hoja de olmo
y las deposité bajo una piedra
y ahora me llaman loco
porque arrojé de mi toda demencia
prescindí de ella,
para abandonar las viejas costumbres estériles
de los hombres.

En lo que a Browning respecta, Pound profesó siempre por él una fuerte admiración (véase "Mesmerism", en *Personae*); hay vestigios suyos en "Cino" y en "Faman Libros que Cano", del mismo volumen. Pero resulta más provechoso comentar la variedad de formas métricas y el empleo original del lenguaje. Se ha achacado a Ezra Pound la paternidad del verso libro en inglés, con todos sus vicios y virtudes. El concepto es poco preciso, pues cualquier versificación, para quien no tiene acostumbrado a ella el oído, puede llamarse "libre"; en segundo lugar, al emplear este medio, Pound ha dado muestras de sobriedad de artista, y su creencia en él como vehículo de expresión no es la de un fanático. El "verso libre" de Pound sólo es posible en un poeta que ha trabajado infatigablemente con formas rígidas y con diferentes sistemas de formas métricas. Sus *Canzoni* se desvían en cierto modo de su progresión rectilínea; se asemejan mucho más a estudios de sensibilidad medieval que cualesquiera otros de sus versos.

En cuanto a la "libertad" de su verso, Pound ha formulado en su artículo sobre Dolmetsch varias afirmaciones que vienen a propósito:

"Cualquier obra de arte es una mezcla de libertad y orden. Es perfectamente evidente que el arte oscila entre el caos, por un lado, y la pura mecánica, por otro. Una insistencia pedante en el detalle tiende a excluir la forma esencial. Si se mantiene con firmeza la forma esencial se hace posible una libertad en los detalles. En la pintura, los que están atentos a las minucias pierden gradualmente el sentido de la forma y de la combinación de formas. A un intento de restablecer ese sentido se le tilda de [revolución]. Es revolución en el sentido etimológico de la palabra..."
"El arte es una evasión de posiciones fijadas; una oportuna evasión de una norma..."

La libertad del verso de Pound consiste más bien en un estado de tensión que
se debe a una constante contraposición entre lo libre y lo estricto.

A *Exultations* siguió la traducción de los "Sonetos y baladas de Guido Caval-
canti". Es digno de notarse que el autor de una larga reseña en *Quest*, al
hablar con elogio de la traducción, señalaba no obstante los defectos, no por
su medievalismo, sino porque: "le preocupa más el futuro que un pasado un
tanto remoto, y así, pese a su afición a los poetas medievales, su mismo mérito
como poeta moderno milita contra su éxito como traductor plenamente
aceptable de Cavalcanti, el heredero de los trovadores, el escolástico."

En cambio, el *Dialy News*, en su crítica de las *Canzoni*, hacía observar que
Pound "parece más un erudito que un poeta, y nos gustaría que dedicara más
su insólito talento a la traducción directa del provenzal".

Ripostes pertenece al período en que se atacaba a Pound por su propaganda.
Llegó a ser conocido como el inventor del "imaginismo" y, más tarde, como
el "Sumo Sacerdote del Vorticismo". Lo cierto es que la verdadera "propa-
ganda" de Pound ha sido de volumen muy reducido. Pero la impresión que
causó su personalidad se apunta en la nota siguiente de Punch, que es siempre
un barómetro bastante fidedigno del humor inglés de clase media:

*"Mr. Welking Mark (lo contrario exactamente de Long Jane) nos ruega que anunciemos
que ha conseguido para el mercado inglés las palpitantes obras del nuevo poeta de Monta-
na (Estados Unidos de América), Mr. Ezekiel Ton, que es lo más notable en poesía desde
Robert Browning. Mr. Ton, que salió de América para residir por cierto en Londres e
imponer su personalidad a los directores de las publicaciones, editores y lectores ingleses, es
con mucho el poeta más nuevo en funciones, digan lo que digan otros anuncios. Ha triunfa-
do donde todos los demás fracasaron: en producir una mezcla de la fantasía desbocada del
Oeste, el vocabulario de Wardur Street y la siniestra licencia de la Italia de los Borgia."*

En 1914, alguien que escribió a *The Nation*, desde Nueva York, desde la Univer-
sidad de Illions, constituye un ejemplo de la reprobación norteamericana más
seria. Empezaba por poner reparos al "principio del futurismo". (Pound ha
hecho quizá más que nadie para que no entrara en Inglaterra el futurismo.
Según sus propias palabras, el futurismo es "impresionismo acelerado"). El

colaborador de *The Nation* se dedica seguidamente a analizar la moderna "hipertrofia del romanticismo", de la siguiente forma:

Exageración de la importancia de una emoción personal; Abandono de todas las reglas de forma. Supresión de todo vestigio de que una composición determinada está animada por alguna inteligencia rectora.

Probablemente, Pound se ganó el odio no tanto por sus teorías sino por sus ilimitados elogios de ciertos autores contemporáneos cuya obra le gustaba. Los escritores que escapan a su mención consideran habitualmente como agravio tales expresiones de aprobación, mucho más que si les dirige un insulto personal, lo que en comparación es un cumplimiento. No dice "A, B y C son malos poetas o novelistas", pero al decir "la obra de X, Y y Z es, en tales y cuales aspectos, la obra más importante en verso (o en prosa) por esta y aquella razón", A, B y C se sienten agraviados. Además, Pound ha manifestado frecuentemente su desaprobación por Milton Wordsworth.

Después de *Ripostes*, el léxico de Pound ha avanzado todavía más. Al examinar *Cathay* —el volumen de traducciones del chino—, aparecido antes que *Lustra*, se ha pensado a veces que su léxico más nuevo se debe a la influencia china. La verdad es casi exactamente lo contrario. El fallecido Ernest Fenollosa dejó cierto número de manuscritos, entre ellos una gran cantidad de traducciones sin pulir —literalmente exactas— del chino. Después de haberse publicado en *Poetry* ciertos poemas, que luego se incluyeron en *Lustra*, la viuda de Fenollosa se convenció de que los manuscritos chinos encontrarían en Pound el intérprete que hubiera deseado su marido; en consecuencia, le envió los papeles para que los utilizara como quisiese. A la perspicacia de la señora Fenollosa se debe, por tanto, que tengamos *Cathay*, pero no es consecuencia de *Cathay* el que tengamos la obra *Lustra*. Es un hecho que hay que tener presente.

WHITMAN Y POUND son antípodas uno del otro.

Los poemas recogidos después en *Lustra* aparecieron en la revista *Poetry* en abril de 1913, con el título de *Contemporanea*. Figuraban entre ellos "Tenzone", "The Condolence", "The Garret", "Salutation the Second" y "Dance Figure".

Hay influencias, pero por caminos desviados. Más bien es un desarrollo gradual de experiencias, con participación de experiencias literarias.

Pero estas últimas no han sometido al poeta a la servidumbre de entusiasmos pasajeros, sino que le han liberado de su antiguo ámbito restringido. Ahí están Cátulo y Marcial, Gautier, Laforgue y Corbière. Quien desde luego no ejerce influencia alguna es Whitman; no hay rastro de él en ninguna parte; Whitman y Pound son antípodas uno del otro. El *Chicago Evening Post* hizo observar con discernimiento respecto de *Contemporanea*:

"Sus poemas en el número de abril de Poetry son tan burlesca, delicada y desenfadadamente bellos que parece haber devuelto usted al mundo una gracia que (probablemente) no existió nunca, pero podemos descubrir con un esfuerzo de imaginación en Horacio y Cátulo."

Alguno de los poemas de *Lustra* exasperaron a los admiradores de los versos del período correspondiente a *Personae*. Cuando un poeta cambia o evoluciona es seguro que muchos de sus admiradores le abandonen. Todo poeta, para sobrevivir como escritor después de cumplir veinticinco años, ha de cambiar, ha de buscar nuevas influencias literarias; tendrá diferentes emociones que expresar. Y eso resulta desconcertante para el público al que le gusta que un poeta devane toda su obra con los mismos sentimientos de su juventud: lo que le complace es poder abrir un nuevo volumen de sus poemas con la seguridad de que podrá acercarse a ellos de la misma manera exactamente en que lo hizo con los anteriores. No le agrada ese constante reajuste que se impone para seguir la obra de Pound. Por eso, *Lustra* fue una decepción para algunos; aunque no aparezca fallo alguno en su técnica ni empobrecimiento de la sensibilidad. Algunos de los poemas —incluidos varios en *Contemporanea*— son una exposición más directa de las opiniones de Pound que cualquiera de sus versos anteriores.

Hay que ser capaz de reaccionar ante los estímulos momentáneamente, como persona real y viva, incluso frente a las propias facultades cuando se alzan contra uno… La queja viril, la rebelión del poeta, todo lo que pone de manifiesto su emoción… eso es poesía.

☞

__Habla__ contra la opresión del inconsciente
__Habla__ contra la tiranía del que carece de imaginación
__Habla__ contra las ligaduras.
    Contra todas las formas de opresión,
    Sal y desafía a la opinión.

Cada poema contiene esos gritos de rebelión o execración, pero son el resultado de la esperanza y la sensibilidad que sigue abrigando. Tomemos las armas contra ese mar de estupideces. Pound… tiene la experiencia de la necesidad de los filisteos que leen versos. De esa estúpida interpretación nace un dolor auténtico, y no se puede comprender lo profundo que es si no se es capaz de percibir, a través de las maldiciones y la risa, lo que ha causado esas heridas, que se han hecho más hondas por lo que ya sabe y por lo que ha perdido…

Después de *Lustra*, Pound ha cambiado una vez más. Esta vez en dirección a la épica; tres cantos de esa nueva actitud se han publicado en la edición norteamericana de *Lustra*. Habían aparecido antes en la revista *Poetry*, pero la versión publicada en esa edición de *Lustra* ha sido revisada y ha ganado con la revisión. Podemos considerarlo como piedra de toque: quien haya estudiado los poemas de Pound en orden cronológico y haya conseguido dominar *Lustra* y *Cathay*, está preparado para leer los *Cantos*, pero no antes. Y si entonces no le gustan, probablemente ese lector ha omitido algún escalón en su progreso, y lo mejor es que vuelva atrás y empiece de nuevo su viaje.

§

En T. S. ELIOT, "Ezra Pound: su métrica y su poesía", Criticar al crítico,
Alianza Editorial, Madrid, 1967.

POR NEIL LEADBEATER

Ezra Pound y *El Navegante*

(The Seafarer)

Los estudiantes de Anglosajón (algunas veces llamado Inglés Antiguo) estarán familiarizados con *El Navegante*, ya que es una de las líricas elegíacas mayormente conocidas dentro de la recopilación de la literatura que ha sobrevivido a aquel período. El texto se encuentra en los folios 81b-83a del *Libro de Exeter*; el cual fue regalado por el Obispo Leofric a la biblioteca de la Catedral de Exeter, en el sudeste de Inglaterra en 1072, y es preservado allí hasta el día de la fecha. Un estudio sobre el manuscrito concluye que el poema se compuso entre 970 y 990; y el estudio estilístico sugiere que su origen proviene del oeste de Wessex. Las páginas que contienen el poema en el Libro de Exeter son claras y se encuentran intactas.

El texto existente del poema ha sido víctima de varios errores durante el proceso de copiado. Esto no es inusual en manuscritos que datan de este período. Al parecer falta la mitad de la línea 16; no hay presencia de aliteración en la línea 25; y la sección final del poema, de la línea 103 en adelante, presenta señales de manipulación.

El poema está narrado desde el punto de vista de un viejo y experto marinero. Reflexivo, mira su vida hacia atrás, y describe las desoladas penurias de una experiencia en altamar y las contrasta con la vida en tierra firme, donde los hombres están rodeados de compañerismo y provisiones. Otro punto de vista es expresado cuando el clima en la tierra comienza a parecerse al de la travesía invernal: el narrador cambia de tono, describe su anhelo hacia el mar. El tiempo pasa a través de las estaciones, desde el invierno al verano. Luego el narrador vuelve a cambiar, esta vez no de tono, sino en lo que refiere al tema. El mar ya no se menciona explícitamente; en cambio, el narrador predica con el hecho de seguir un camino incondicional hacia el cielo. Afirma que "la felicidad terrenal no perdurará", que los hombres deben oponerse "al diablo con hazañas heroicas", y que las riquezas terrenales no pueden llevarse a la otra vida, ni puede el alma beneficiarse con ellas después de la muerte. El poema termina con una serie de declaraciones acerca de Dios, la eternidad y la autodisciplina.

Su argumento y estructura, en particular los cambios en el tono y el tema, han sido objeto de un sinfín de conjeturas entre los estudiosos de anglosajón. A partir de la interpretación, algunos creen que el original consistía únicamente en la parte de la navegación, la cual termina en la línea 64, siendo el resto obra de un revisionista cristiano; mientras que otros consideran que el poema terminaba en la línea 102. El texto en el Libro de Exeter consta de 124 líneas.

El poema ha sido traducido muchas veces por numerosos estudiosos, poetas y otros escritores. Entre 1842 y 2000 se registraron más de 60 versiones diferentes en ocho idiomas. Entre ellas se encuentran las traducciones por Edwin Morgan (1954), Kevin Crossley-Holland (1965), Michael Alexander (1966), John Wain (1980) y Louis Rodriguez (1991). La versión de Pound, publicada por primera vez en New Age el 30 de noviembre de 1911 y subsiguientemente en su *Ripostes* en 1912, sigue siendo al día de hoy la más conocida de todas.

Numerosos críticos comparten la opinión de que Pound hizo un amplio uso de una traducción formal de los versos de *El Navegante* realizada por Lola LaMotte Iddings —incluida por Cook y Tinkler en su Translations from *Old English Poetry*—, publicado por Ginn & Co. en 1902. Algunos han llegado incluso a sugerir que la utilizó como "guía", y citan numerosos ejemplos de similitudes en la elección del vocabulario entre las dos versiones. Sea esto cierto o no, es, a mi parecer, de poca importancia. Los escritores tienen una tendencia a nutrirse entre ellos y, en el caso de la traducción, comparar diferentes versiones puede resultar esclarecedor. Si una traducción se mantiene fiel al original, es inevitable que la elección de palabras sea similar sino la misma.

La traducción de Pound no está exenta de defectos. Los críticos han citado como ejemplo su traducción del término anglosajón *stearn* como "stern" (popa) en inglés (que significa la parte posterior o timón de un barco) cuando la palabra *stearn* etimológicamente es una variante del inglés moderno "tern" (golondrina de mar) aunque puede que se esté refiriendo a otro tipo de ave marina, quizás a una gaviota. Otro ejemplo es la traducción de Pound del término anglosajón *byrig* como "berries" (bayas) cuando el verdadero significado es "dwellings" (viviendas). También tradujo la palabra anglosajona *englum* (que significa ángeles) como "the English" (eso sería, *Angles*).

Más allá de estos errores, la traducción de Pound reproduce ingeniosamente el sonido consonántico de la poesía anglosajona. Repite su cadencia en término de acentos y el ritmo de los versos, mientras que al mismo tiempo hace uso de enlaces aliterados frecuentes, en lugar de lo que aparece en la versión anglosajona como cesura. (Al igual que toda la poesía anglosajona, la versión anglosajona comprende una serie de acentos, cuatro por línea, divididos en la mitad por una cesura que rompe la línea en dos mitades separadas). Hace uso de sonidos duros para enfatizar el frío:

Coldly afflicted
My feet were by frost benumbed.
Chill its chains are; chafing sighs
Hew my heart round and hunger begot
Mere-weary mood…

List how I, care-wretched, on ice-cold sea,
Weathered the winter, wretched outcast
Deprived of my kinsmen;
Hung with hard ice-flakes, where hail-scur flew,
There I heard naught save the harsh sea…

Estas son las mismas líneas en el anglosajón original:

Calde geþrungen
waeron mine fet,   forste gebunden
caldum clommum,   þaer þa ceare seofedun
hat' ymb heortan;   hungor innan slat
merewerges mod…

hui c earmcearig   iscealdne sae
winter wunade   wraeccan lastum,
winemaegum bidroren,
bihongen hrimgicelum;   haegl scurum fleag.
Þaer ic ne gehyrde   butan hlimman sae…

(Debilitado por el frío
mis pies fueron entumecidos por la escarcha,
las cadenas estaban congeladas; irritantes suspiros
partían mi corazón y el hambre causaba
un ánimo de puro cansancio.
Cómo yo he vivido desdichado en el mar helado,
sobrevivido el invierno, desgraciado e infeliz,
privado de mis hermanos,
en medio de duros copos de nieve, donde vuela el granizo,
Allí no oía nada, salvo el mar atroz…)

Pound se desvía de su camino para mantener intacta la calidad aliterativa del poema. Utiliza bosque (palabra arcaica para bosque o matorral), por ejemplo, para mantener la aliteración en la línea *Bosque taketh blossom…* Es también creativo en su empleo de la palabra "Nathless" como una abreviación de la palabra "Nevertheless" (sin embargo), que genera una lectura más fluida.

Puede que Pound se haya visto atraído por este poema porque es la más poética de todas las elegías anglosajonas, tanto por sus poderes descriptivos del clima y el mar como por la forma en que el autor expresa sus sufrimientos en el exilio. También pudieron haberle atraído sus cualidades elusivas, parte de su poder se debe en gran medida al hecho de que puede ser interpretado en muchos niveles diferentes. Se ha sugerido que a Pound le atrajo el poema por su preocupación por conflictos internos: el drama psicológico de aislamiento, y no su mensaje cristiano, ya que él omitió la referencia cristiana al llamado de Dios —por completo— en su traducción. En algún aspecto habría sido bastante lógico que Pound haga esto, ya que el contenido homilético de las líneas restantes del poema original fue considerado por muchos como no más que un artificio corriente, sin duda inferior a la calidad de la primera parte del poema. Pound pasa por alto otras referencias cristianas en el poema, y aplica palabras alternativas con las cuales expresar su significado. La palabra anglo-sajona *mod*, por ejemplo, que significa "spirit" (espíritu) es traducida como "mood" (estado de ánimo).

Al traducir este poema, es posible que Pound se haya identificado en cierto modo con el navegante. Pound era en gran medida un individualista y puede haber visto un rasgo similar en el navegante mismo. La franqueza, intensidad e inmediatez del poema también le habrían atraído, así como el hecho de proporcionarle una perspectiva

...omitió la referencia cristiana al llamado de Dios —por completo— en su traducción.

sobre una cultura del pasado. La poesía de Pound oscila entre varias formas: tanto del pasado como del presente, y está investida de varias culturas, disímiles. Véanse, por ejemplo, sus versiones de poemas japoneses y chinos, así como sus propias versiones de poesía romana. Su traducción de *El Navegante* es uno de los primeros ejemplos de su compromiso con la historia y la tradición literaria. Con Pound, el pasado se vive constantemente a través de la práctica de traducción, interpretación y modernización. Es como si se viera a él mismo en una misión de traducir lo viejo y convertirlo en nuevo, para así ampliar los horizontes de la poesía misma.

Durante muchos años, los estudiosos han considerado esta traducción como un intento de aplicar las rigurosas cualidades aliterativas a la poesía anglosajona

44

en la escritura de poesía inglesa moderna. Hay algo de verdad en esto, ya que muchos de los posteriores *Cantos* ejemplifican su dominio en el mundo de sonidos anglosajones. Más recientemente, estudiosos se han referido a la traducción de Pound como mucho más que un experimento del lenguaje. Por el contrario, han aplicado un tinte político sobre el tema, afirmando que Pound estaba expresando sus afinidades socialistas al afirmar su solidaridad con los trabajadores ingleses en huelga. Otros consideran que es un reflejo, en forma simbólica, de las dificultades y triunfos del poder emergente de los Estados Unidos de América. Cualquiera haya sido su intención original, esta traducción ha resistido el paso del tiempo. Captura la atmósfera del original y se mantiene fiel a la dicción anglosajona, esto es, sus cualidades aliterativas y modo de expresión.

§

—Ezra
Pound

POĒTICA

(S e l e c c i ó n)

— *Universidad* 1901-1907

The Mourn of Life

There comes a time in the lives of men
    That makes their blood turn cold
And their fathers say
    In a gentle way
5   'Thou canst not stay
Any more in the dear home fold.'

Twill come some time to you,
    When your noble Dad,
    Your loving Dad
10 Your dear Dad, kind and true,
    Will no more pay
    In that generous way
Your bills as he used to do.

But will gently say
15   In his old sweet way

El Lamento de la Vida

El 13 de junio de 1906 Ezra recibió su título de Master en Arte, que parece que se convirtió en la ocasión de que compusiera, para diversión de sus padres, un poema de cincuenta y cinco versos llamado "The Mourn of Life". "Envoi", que está muy bien escrito, sugiere lo que a mi entender era el quid de la cuestión, que tenía la esperanza de ser un escritor con dedicación plena y no sabía cómo iba a arreglárselas, dado que su familia, y con mucha razón, no sentía ninguna inclinación, en aquel momento, de apoyarle en una empresa tan poco usual, empresa que desde su punto de vista le llevaría a no hacer nada.

Llega un tiempo en la vida de los hombres

    En que su sangre se vuelve fría

Y sus padres dicen

    De una forma delicada

    'No puedes quedarte

Por más tiempo en el querido redil del hogar.'

Te llegará el momento,

    En que tu noble Padre,

    Tu bien amado Padre,

Tu querido padre, generoso y fiel,

    Ya no pagará

    Generosamente

Tus deudas como solía hacerlo.

Sino que dirá delicadamente

    En su forma dulce acostumbrada

Though the tone may ring some cool
    'I paid the stake
    The damned high stake
While you loafed "round school".

²⁰   While you rushed the can
      And played the man
A smokin' your fine cheroots
      I had to pay
      In a hefty way
²⁵   For a coon to black your boots.

Now you're a Master of Arts
      And a man of parts;
Go forth, get on the job.'
There comes a time in the lives of men
³⁰   That makes their blood turn cold.

For the world is a place
      They've glanced upon
      From ethereal heights afar
Where each has fussed his chorus girl
³⁵   And each has dined his star;
      And each has spent
      What Dad has sent
In ways a bit bizarre.

Aunque el tono puede sonar algo frío

    'Pagué el precio

     El condenado alto precio

Mientras ganduleabas por la escuela.

20   Mientras tú chupabas del bote

     Y jugabas a ser hombre

Fumando tus finos cigarrillos

     Yo tuve que pagar

     Un alto precio

25   Por un negro que te lustrara las botas.

Ahora eres Maestro en Artes

     Y un hombre de talento;

Adelante, manos a la obra.'

Llega un tiempo en la vida de los hombres

30   En que su sangre se vuelve fría.

Pues el mundo es un lugar

     Al que se ha observado

     Desde las alturas etéreas

En el que cada cual ha molestado a su corista

35   Y cada cual ha llevado a cenar a su estrella;

     Y cada cual ha gastado

     Lo que Papá ha enviado

De forma un tanto estrafalaria.

L´Envoi

Go little verse

Go forth and be damned

Throughout your limited sphere

But prithee tell

To the bards in hell

Who live on nothing a year

That a Master of Arts

And a man of parts

Is trying the same thing here.

Tell thou the ancient story

To the singers of long ago

Who left their ills

And unpaid bills

And their mortgages on glory

For good warm rooms below,

Unto such, when hell gets slow

Go, little verse, by gumbo, go.

L´Envoi

Adelante pequeño poema

Avanza y condénate

En toda tu limitada esfera

Pero te ruego que digas

A los bardos en el infierno

Que viven de nada un año

Que un Maestro en Artes

Y un hombre a partes

Aquí está intentando lo mismo

Cuenta la antigua historia

A los cantores de antaño

Que dejaron a sus enfermos

Y no pagaron sus deudas

Ni sus hipotecas por la gloria

A cambio de las cálidas habitaciones de abajo,

Hasta tanto el infierno se haga lento.

Adelante, pequeño verso, adelante.

Noel STOCK, "2- Universidad. 1901-1907", en Ezra Pound. Traducción de ©Ana Sánchez. Edicions Alfons el Magnanim, Institució Valenciana, Valencia, 1989, pp. 50-52.

— *A Lume Spento* 1908

La Fraisne

For I was a gaunt, grave councillor,
Being in all things wise, and very old;
But I have put aside this folly and the cold
That old age weareth for a cloak.

5   I was quite strong—at least they said so—
The young men at the sword-play;
But I have put aside this folly, being gay
In another fashion that more suiteth me.

I have curled mid the boles of the ash wood,
10   I have hidden my face where the oak
Spread his leaves over me, and the yoke
Of the old ways of men have I cast aside.

By the still pool of Mar-nan-otha
Have I found me a bride
15   That was a dog-wood tree some syne.
She hath called me from mine old ways;
She hath hushed my rancour of council,
Bidding me praise
Naught but the wind that flutters in the leaves.

El fresno

Un sombrío y demacrado consejero fui,

sabio en todo y anciano,

pero he abjurado de mis desvaríos

envuelto como estoy por el frío manto de la vejez.

Mi cuerpo era fuerte —al menos así afirmaban

los jóvenes espadachines—:

pero he abjurado de mis desvaríos

buscando ahora otras formas de alegría que me agraden más.

He abrazado a los troncos del bosque de fresnos

y mi rostro he escondido tras un roble

cuyas hojas se extendían sobre mi cuerpo. Al yugo

de los viejos hábitos de los hombres he desechado.

En las quietas aguas de Mar-nan-otha,

he encontrado a mi novia,

antiguamente un cornejo.

Ella ha sido quien me ha interpelado por mis viejas costumbres

sofocando mi rencor de consejero

y ordenándome alabar

al viento que ondula entre las hojas.

20 She hath drawn me from mine old ways,

Till men say that I am mad;

But I have seen the sorrow of men, and am glad,

For I know that the wailing and bitterness are a folly.

And I? I have put aside all folly and all grief.

25 I wrapped my tears in an ellum leaf

And left them under a stone;

And now men call me mad because I have thrown

All folly from me, putting it aside

To leave the old barren ways of men,

30 Because my bride

Is a pool of the wood; and

Though all men say that I am mad

It is only that I am glad—

Very glad, for my bride hath toward me a great love

35 That is sweeter than the love of women

That plague and burn and drive one away.

Aie-e! 'Tis true that I am gay,

    Quite gay, for I have her alone here

    And no man troubleth us.

40 Once when I was among the young men …

And they said I was quite strong, among the young men …

Once there was a woman …

… but I forget … she was …

… I hope she will not come again.

20   Ella me ha desterrado de mis viejas costumbres

    y los hombres, desde entonces, me toman por loco.

    Pero he visto el dolor humano y contento estoy

    de saber que lamentos y amarguras son apenas desvaríos.

    ¿Y yo? Pues atrás he dejado insensateces y pesares.

25   Envolví mis lágrimas en una hoja de olmo

    y las sepulté bajo una piedra.

    Mas ahora me toman por loco al haber expulsado

    toda locura de mí, apartándome

    de los trajinados hábitos de los hombres,

30   porque es mi novia

    una laguna en medio del bosque.

    Y aunque los hombres tomen todo esto por locura,

    estoy feliz, muy feliz,

    pues mi amada me profesa un gran amor,

35   un amor más dulce que el de las mujeres

    que fastidia, consume y distrae.

    ¡Aie-e! Es verdad que estoy feliz,

        demasiado feliz, pues mi amada está a solas aquí

        sin que nadie nos abrume.

40   Hace mucho, cuando estaba con los jóvenes . . .

    —y era fuerte entre ellos, según decían—,

    hubo una mujer . . .

    . . . pero lo olvido . . . Ella era . . .

    . . . Espero que nunca regrese.

45   … I do not remember …
        I think she hurt me once, but …
        That was very long ago.

        I do not like to remember things any more.

        I like one little band of winds that blow
50   In the ash trees here:
        For we are quite alone,
        Here mid the ash trees.

The tree

I stood still and was a tree amid the wood,
Knowing the truth of things unseen before;
Of Daphne and the laurel bow
And that god-feasting couple old
that grew elm-oak amid the wold.
'Twas not until the gods had been
Kindly entreated, and been brought within
Unto the hearth of their heart's home
That they might do this wonder thing;
Nathless I have been a tree amid the wood
And many a new thing understood
That was rank folly to my head before.

45 . . . No recuerdo . . .

Una vez me hirió, según creo, pero . . .

largos años han transcurrido desde entonces.

No me gusta recordar esas cosas.

Prefiero una banda de vientos soplando

50 entremedio de los fresnos:

porque estamos a solas,

aquí, entre los fresnos.

Traducción de ©Armando Roa Vial, 2015.

El árbol

Inmóvil, fui un árbol en el bosque,

Conocí la verdad de las cosas hasta entonces no vistas,

De Dafnis y la rama de laurel

Y de la vieja pareja devota

Transformada en un roble de campiña.

Sólo cuando los dioses fueron

Debidamente invocados y atraídos

Al fuego de su amado hogar

Pudieron consumar ese prodigio.

Empero, fui un árbol en el bosque

Y muchas cosas comprendí

Que antes me parecieron rematadas locuras.

Traducción de ©Carlos Viola Soto, 1969.

— *Personae* 1909

Francesca

You came in out of the night
And there were flowers in your hands,
Now you will come out of a confusion of people,
Out of a turmoil of speech about you.

I who have seen you amid the primal things
Was angry when they spoke your name
In ordinary places.
I would that the cool waves might flow over my mind,
And that the world should dry as a dead leaf,
Or as a dandelion seed-pod and be swept away,
So that I might find you again,
Alone.

Francesca

Venías desde el fondo de la noche

Con flores en las manos,

Y ahora brotarás de una confusa muchedumbre,

De un tumulto de voces rodeándote.

Yo, que te había visto entre las cosas primordiales

Me enfurecí al oír tu nombre pronunciado

En sitios tan vulgares.

Habría querido que las frías olas arrasaran mi alma

Y el mundo se agostase como una hoja muerta

O como una vaina de diente de león, y echado lejos,

Para volver a hallarte

Sola.

Traducción de ©Carlos Viola Soto, 1969.

— *Canzoni* 1911

Song in the Manner of Housman

O woe, woe,

People are born and die

We also shall be dead pretty soon

Therefore let us act as if we were

        dead already.

The bird sits on the hawthorn tree

But he dies also, presently.

Some lad's get hung, and some get shot.

Woeful is the human lot.

        Woe! woe, etcetera . . . .

London is a woeful place,

Shropshire is much pleasanter.

Then let us smile a little space

Upon fond nature's morbid grace.

        Oh, Woe, woe, woe, etcetera . . . .

Canción a la manera de Housman

Oh, infortunio, infortunio,

Las personas nacen y mueren,

Nosotros también estaremos muertos muy pronto

Por eso actuemos como si

        ya lo estuviéramos.

El pájaro se sienta en el árbol de espino,

Pero él ha de morir también, dentro de poco.

A algunos muchachos los cuelgan, otros reciben un disparo.

Triste es el destino humano.

        ¡Infortunio! infortunio, etcétera . . . .

Londres es un sitio lamentable,

Shropshire es mucho más agradable.

Sonriamos entonces por un instante

En la morbosa gracia de la naturaleza.

        Oh, Infortunio, infortunio, infortunio, etcétera . . . .

Traducción de ©Juan Arabia, 2015.

— *Ripostes* 1912

N. Y.

My City, my beloved, my white! Ah, slender,

Listen! Listen to me, and I will breathe into thee a soul.

Delicately upon the reed, attend me!

Now do I know that I am mad,

For here are a million people surly with traffic;

This is no maid.

Neither could I play upon any reed if I had one.

My City, my beloved,

Thou art a maid with no breasts,

Thou art slender as a silver reed.

Listen to me, attend me!

And I will breathe into thee a soul,

And thou shalt live for ever.

N. Y.

¡Ciudad mía, amada, cándida! ¡Oh, esbelta, escucha!

¡Escúchame y te infundiré un alma!

¡Delicadamente, en la flauta, escúchame!

Sé que estoy loco,

Por que hay aquí un millón de personas enloquecidas por el tráfico,

Y eres mi doncella

Ni sabría yo tocar una flauta, aunque la tuviera.

Ciudad mía, amada,

Una doncella sin senos eres,

Esbelta como una flauta de plata.

¡Escúchame, atiéndeme!

Y te infundiré un alma

Y vivirás por siempre.

Tenzone

Will people accept them?

    (i.e. these songs).

As a timorous wench from a centaur

    (or a centurion),

Already they flee, howling in terror.

Will they be touched with the verisimilitudes?

    Their virgin stupidity is untemptable.

I beg you, my friendly critics,

Do not set about to procure me an audience.

I mate with my free kind upon the crags;

    the hidden recesses

Have heard the echo of my heels,

    in the cool light,

    in the darkness.

Tenzone

¿Las aceptará la gente?

      (es decir[1], estas canciones).

Como una doncella temerosa de un centauro

      (o un centurión),

Escapan, aullando de terror.

¿Serán perturbadas por las verosimilitudes?

      Su virgen estupidez no puede ser tentada.

Les ruego, críticos amigables,

No traten de conseguirme un auditorio.

Desposo mi libertad sobre los riscos;

      los rincones ocultos

Escucharon el eco de mis talones,

      en la fría luz

      de la oscuridad.

1 Del Latín *i.e.*, abreviatura de *id est* ("esto es").

Traducción de ©Juan Arabia, 2015.

The Garret

Come, let us pity those who are better off than we are.
Come, my friend, and remember
      that the rich have butlers and no friends,
And we have friends and no butlers.
Come, let us pity the married and the unmarried.

Dawn enters with little feet
      like a gilded Pavlova
And I am near my desire.
Nor has life in it aught better
Than this hour of clear coolness
      the hour of waking together.

El Altillo

Ven, tengamos lástima de los que están mejor que nosotros.
Ven, amiga, y recuerda

     que los ricos tienen sirvientes y no amigos,
Y nosotros amigos y no criados.
Ven, tengamos lástima de los solteros y los casados.

El amanecer entra con pequeños pies

     como una Pavlova dorada
Y yo estoy cerca de mi deseo.
No hay nada mejor en la vida
Que esta hora de clara frescura,

     la hora de despertarnos juntos.

Ortus[1]

How have I laboured?
How have I not laboured
To bring her soul to birth,
To give these elements a name and a centre!

She is beautiful as the sunlight, and as fluid.
She has no name, and no place.
How have I laboured to bring her soul into separation;
To give her a name and her being!

Surely you are bound and entwined,
You are mingled with the elements unborn;
I have loved a stream and a shadow.

I beseech you enter your life.
I beseech you learn to say 'I'
When I question you:
For you are no part, but a whole;
No portion, but a being.

1 Del Latín: nacimiento, origen — salida de los astros (*ab ortu ad occasum*, de oriente a occidente).

Ortus

¿Cómo me esforcé?
¡Cómo no me esforcé
Por llevar su alma al nacimiento,
Por dar a estos elementos un nombre y un centro!

Ella es hermosa como la luz del sol, y tan fluida.
Ella no tiene un nombre, ni un lugar.
¡Cómo me esforcé por llevar su alma a la separación;
Por darle un nombre y un ser!

Seguramente usted esté atada y entrelazada,
Unida a los elementos que no nacieron;
Yo amé a un arroyo, a una sombra.

Te suplico que entres en tu vida.
Te suplico que aprendas a decir "yo"
Cuando yo te pregunte:
Porque no eres una parte, sino un todo;
No una porción, sino un ser.

The Garden

En robe de parade.

Samain

LIKE a skein of loose silk blown against a wall

She walks by the railing of a path in Kensington Gardens,

And she is dying piece-meal

      of a sort of emotional anemia.

And round about there is a rabble

Of the filthy, sturdy, unkillable infants of the very poor.

They shall inherit the earth.

In her is the end of breeding.

Her boredom is exquisite and excessive.

She would like some one to speak to her,

And is almost afraid that I

      will commit that indiscretion.

El Jardín

En robe de parade[1]

Samian

COMO una suelta hebra de seda que el viento arrastra contra un muro
Ella camina por la baranda de un sendero de los Jardines de Kensington.
Y ella está muriendo de a poco
      de una especie de anemia sentimental.

Y alrededor hay una chusma
De asquerosos, fuertes e indestructibles niños, de los más pobres.
Ellos heredarán la tierra.

En ella se encuentra el fin del linaje.
Su aburrimiento es exquisito y excesivo.
A ella le gustaría que alguien le hable,
Y casi teme que yo cometa
      esa indiscreción.

1 "Mi alma es un niño (infante) en traje de gala", versos del poeta francés Albert Samain (1858-1900): "Mon Ame est une infante en robe de parade, / Dont l'exil se reflète, éternel et royal, / Aux grands miroirs déserts d'un vieil Escurial, / Ainsi qu'une galère oubliée en la rade." El poeta francés utiliza a la niñez como símbolo de la inocencia que aspira nostálgicamente su alma.

Salutation The Second

You were praised, my books,

    because I had just come from the country;

I was twenty years behind the times

    so you found an audience ready.

5   I do not disown you,

    do not you disown your progeny.

Here they stand without quaint devices,

Here they are with nothing archaic about them.

Observe the irritation in general:

10   'Is this' they say, 'the nonsense

that we expect of poets?'

'Where is the Picturesque ?'

'Where is the vertigo of emotion?'

'No! his first work was the best.'

15   'Poor Dear! he has lost his illusions.'

Go, little naked and impudent songs,

Go with a light foot!

(Or with two light feet, if it please you!)

Segunda Salutación

Ustedes fueron alabados, libros míos,

    porque yo acababa de regresar del campo;

Conmigo llevaba unos veinte años de retraso;

    por lo que encontraron una audiencia preparada.

Yo no los repudio,

    y tampoco repudio a su progenie.

Aquí están, sin pintorescos recursos;

Aquí están, sin que nada arcaico los aceche.

Observen la irritación en general:

"¿Es esta," dicen, "la tontería

que esperamos de los poetas?"

"¿Dónde está lo Pintoresco?"

"¿Dónde está el vértigo de la emoción?"

"¡No! Su primer trabajo fue el mejor."

"¡Pobrecito! Perdió sus ilusiones."

¡Vayan, pequeños e insolentes cantos desnudos,

Vayan dando un paso a la ligera!

(¡O dos, si tienen ganas!)

Go and dance shamelessly!
20 Go with an impertinent frolic!

Greet the grave and the stodgy,
Salute them with your thumbs at your noses.

Here are your bells and confetti.
Go! rejuvenate things!
25 Rejuvenate even 'The Spectator.'
Go! and make cat calls!
Dance and make people blush,
Dance the dance of the phallus
and tell anecdotes of Cybele!
30 Speak of the indecorous conduct of the Gods!
(Tell it to Mr. Strachey)

Ruffle the skirts of prudes,
speak of their knees and ankles.
But, above all, go to practical people
35 go! jangle their door-bells!
Say that you do no work
and that you will live forever.

¡Vayan y bailen sin vergüenza!
20   ¡Vayan con un festejo impertinente!

Saluden a los serios y a los aburridos,
Salúdenlos con el pulgar en sus narices.

Aquí tienen sus campanas y su papel picado.
¡Vayan! ¡Rejuvenezcan las cosas!
25   Rejuvenezcan incluso a 'The Spectator.'
¡Vayan! ¡Hagan que los gatos maullen!
¡Bailen y hagan ruborizar a la gente
bailen la danza del falo
y cuenten anécdotas de Cibeles!
30   ¡Hablen de la indecorosa conducta de los Dioses!
(Cuéntenselo a Mr. Strachey)

Levanten las polleras de los puritanos,
hablen de sus rodillas y de sus tobillos.
Pero, ante todo, vayan a las personas prácticas...
35   ¡Vayan! ¡Toquen el timbre de su puerta!
Díganles que ustedes no trabajan
y que van a vivir para siempre.

The Spring

CYDONIAN Spring with her attendant train,
Maelids and water-girls,
Stepping beneath a boisterous wind from Thrace,
Throughout this sylvan place
Spreads the bright tips,
And every vine-stock is
Clad in new brilliancies.
                    And wild desire
Falls like black lightning.
O bewildered heart,
Though every branch have back what last year lost,
She, who moved here amid the cyclamen,
Moves only now a clinging tenuous ghost.

La primavera

Primavera de CIDONIA[1] con sus asistentes de tren,

Melíades[2] y chicas de agua,

Avanzando bajo un fuerte viento de Tracia[3],

A través de este silvestre lugar

Extendiendo las puntas brillantes,

Y cada cepa es

Vestido de nuevos esplendores.

                Y el deseo salvaje

Cae como un relámpago negro.

Oh, corazón desconcertado,

Aunque cada rama tenga de nuevo lo que perdió el último año,

Ella, que se trasladó hasta acá en medio del ciclamen,

Ahora sólo mueve un tenue fantasma aterrado.

---

1 Cidonia (en griego Κυδωνία, en latín Cydonia) fue una de las principales ciudades antiguas de Creta.

2 En la mitología griega, las melias o melíades eran las ninfas de los fresnos. El fresno que se da en las montañas de Grecia es el fresno de flor.

3 Tracia es una región del sureste de Europa, en la península de los Balcanes, al norte del mar Egeo, enclavada en Bulgaria, Grecia y la Turquía europea.

Traducción de ©Juan Arabia, 2015.

Commission

Go, my songs, to the lonely and the unsatisfied,

Go also to the nerve-racked, go to the enslaved-by-convention,

Bear to them my contempt for their oppressors.

Go as a great wave of cool water,

5 Bear my contempt of oppressors.

Speak against unconscious oppression,

Speak against the tyranny of the unimaginative,

Speak against bonds.

Go to the bourgeoise who is dying of her ennuis,

10 Go to the women in suburbs.

Go to the hideously wedded,

Go to them whose failure is concealed,

Go to the unluckily mated,

Go to the bought wife,

15 Go to the woman entailed.

Go to those who have delicate lust,

Go to those whose delicate desires are thwarted,

Go like a blight upon the dulness of the world;

Go with your edge against this,

20 Strengthen the subtle cords,

80

Encargo

Vayan, canciones mías, al insatisfecho y al solitario,

Vayan también al neurótico, vayan al esclavo de toda convención,

Llévenles mi desprecio por sus opresores.

Vayan como una gran ola de agua fresca,

Lleven mi desprecio por los opresores.

Hablen contra la opresión inconsciente,

Hablen contra la tiranía de los que no tienen imaginación,

Hablen contra las ataduras,

Vayan a la burguesa que está muriendo de hastío,

Vayan a las mujeres de los barrios residenciales,

Vayan a las horrorosamente casadas,

Vayan a aquellas que disimulan su fracaso,

Vayan a las desafortunadamente emparejadas,

Vayan a la esposa comprada,

Vayan a la mujer comprometida.

Vayan a aquellos que tienen una delicada lujuria,

Vayan a aquellos cuyos delicados deseos se frustraron,

Vayan como una plaga sobre lo que es insulso en todo el mundo;

Vayan con su filo contra esto,

Refuercen las sutiles cuerdas,

Bring confidence upon the algae and the tentacles of the soul.

Go in a friendly manner,
Go with an open speech.
Be eager to find new evils and new good,
25   Be against all forms of oppression.
Go to those who are thickened with middle age,
To those who have lost their interest.

Go to the adolescent who are smothered in family-
Oh how hideous it is
30   To see three generations of one house gathered together!
It is like an old tree with shoots,
And with some branches rotted and falling.

Go out and defy opinion,
Go against this vegetable bondage of the blood.
35   Be against all sorts of mortmain.

Traigan confianza a las algas y tentáculos del alma.

Vayan de manera amistosa,
Vayan con un discurso transparente.
Estén ansiosos de encontrar nuevos males y un nuevo bien,
25   Estén en contra de todas las formas de opresión.
Vayan a quienes se han complicado con la mediana edad,
A quienes han perdido el interés.

Vayan a los adolescentes a quienes asfixia la familia…
¡Oh, qué horroroso es
30   Ver tres generaciones de una Casa reunidas!
Es como un viejo árbol con brotes
Y algunas ramas podridas y cayendo.

Salgan y desafíen la opinión,
Vayan contra este vegetal cautiverio de la sangre.
35   Estén contra toda clase de perpetua herencia.

Traducción de ©Juan Carlos Villavicencio, 2015.

Further Instructions

COME, my songs, let us express our baser passions,
Let us express our envy of the man with a steady job and no worry
about the future.

You are very idle, my songs.
I fear you will come to a bad end.
You stand about in the streets,
You loiter at the corners and bus-stops
You do next to nothing at all.

You do not even express our inner nobilities,
You will come to a very bad end.

And I?
I have gone half cracked,
I have talked to you so much that
I almost see you about me,
Insolent little beasts, shameless,
devoid of clothing!

ξ

Más Instrucciones

VENGAN, canciones mías, y expresemos nuestras pasiones más bajas,
Expresemos nuestra envidia de la gente con un empleo seguro y ninguna
preocupación por el mañana.

Son muy perezosas, canciones mías
Y temo que tengan un mal fin.
Siempre callejeando,
Merodeando en las esquinas y en las paradas de colectivo,
Haciendo poco y nada.

Ni siquiera pueden expresar nuestras noblezas interiores,
Van a terminar mal.

¿Y yo?
Yo estoy cada días más chiflado.
Les he hablado tanto que
Casi las veo alrededor de mí,
¡Pequeñas bestias insolentes, desvergonzadas,
Desprovistas de prendas de vestir!

☞

But you, newest song of the lot,

You are not old enough to have done much mischief.

I will get you a green coat out of China

With dragons worked upon it,

I will get you the scarlet silk trousers

From the statue of the infant Christ at Santa Maria Novella,

Lest they say we are lacking in taste,

Or that there is no caste in this family.

Pero tú, la más joven de todas,

No eres lo suficientemente vieja como para haber hecho tantas travesuras.

Voy a conseguir un abrigo verde de la China

Con dragones bordados,

[20] Y pantalones de seda escarlata

De la imagen del niño Jesús en Santa María Novella,

Para que no digan que no somos gente de buen gusto

O que no hay castas en esta familia.

Canto XLIX

Nota introductoria:

El siguiente poema (aparecido por primera vez en *The Fifth Decad of Cantos*, 1937) ha llegado a conocerse como "el canto de los siete lagos", y describe una serie de imágenes en torno al río chino Hsiao, tributario del legendario río Yangtze. Las fuentes de la que se valió Pound habrían sido: un libro manuscrito en chino y japonés llamado *Sho-Sho Hakkei* ("Ocho pinturas de escenas a lo largo del río Sho-Sho"), en posesión de sus padres, en el que las escenas son acompañadas de poemas cuyas imágenes Pound va intercalando en su propio texto; notas de versiones de poemas chinos tomadas por el propio poeta; apuntes del sinólogo Ernest Fenollosa también en posesión del autor; *Poems in Chinese and Japanese on the Eight Famous Scenes by Genryu* (1683), de Sasaki Genryu; y *A History of Chinese Literature* (London/ New York, 1901), de H. A. Giles.

En una típica operación suya (ya lo había hecho en *Cathay*, de 1915), Pound trabaja a partir de textos orientales que traduce o parafrasea, apropiándose de ellos para articular su propia escritura. Así, las capas textuales que conforman el tejido del poema son múltiples, como también lo son los temas que el poeta yuxtapone. El mecanismo es casi siempre el mismo: Pound apela a la antigua China como modelo de buen gobierno y de sabiduría práctica, que conecta con sus críticas a la explotación y la usura (una de sus mayores obsesiones). De este modo, una vieja canción folklórica china sobre pescadores y campesinos se entrelaza con las ideas socio-económicas de Thomas Jefferson y John Adams, formando una especie de constelación o sistema filosófico con el que Pound interpela a su propia época. Cuadros que describen escenas chinas y alegorías medievales sobre el fraude y las deudas forman un todo que confluye en la dimensión del silencio y la quietud, una suerte de paisaje arcádico en el que el hombre trabaja de acuerdo con los ciclos naturales. Los ideogramas chinos le permiten a Pound trabajar con la asociación y yuxtaposición de imágenes a partir de las cuales el lector construye, como el poeta, su propio texto. En este sentido, este canto es representativo de la poética poundiana, en la que ideas y formas, más que explicarse o articularse racional y ordenadamente, se exponen, se muestran, permitiendo que las imágenes hablen por sí mismas. Traducción y creación se acercan hasta confundirse, fundando una poética que Pound desarrolló desde las posiciones de vanguardia de su juventud (el "imagismo") hasta sus instancias más extremas en la obra que lo ocupó durante casi cinco décadas: los *Cantos*.

Hemos tomado el texto de *The Cantos of Ezra Pound* (Londres, Faber and Faber, 1975, pp. 244-245). Consultamos, asimismo, el libro de Carroll F. Terrell, *A Companion to the Cantos of Ezra Pound I* (Berkley, University of California Press, 1980).

§

Edición y traducción de ©M. G. Burello y ©Ramiro Vilar

Canto XLIX

For the seven lakes, and by no man these verses:
Rain; empty river; a voyage,
Fire from frozen cloud, heavy rain in the twilight
Under the cabin roof was one lantern.
The reeds are heavy; bent;
and the bamboos speak as if weeping

Autumn moon; hills rise about lakes
against sunset
Evening is like a curtain of cloud,
a blurr above ripples; and through it
sharp long spikes of the cinnamon,
a cold tune amid reeds.
Behind hill the monk's bell
borne on the wind
Sail passed here in April; may return in October
Boat fades in silver; slowly;
Sun blaze alone on the river

Where wine flag catches the sunset
Sparse chimneys smoke in the cross light

Canto XLIX

Para los siete lagos, y por ningún hombre estos versos:
Lluvia; río vacío; un viaje,
Fuego de nube helada, fuerte lluvia en el crepúsculo
Bajo el techo de la cabaña había una lámpara
5   Las cañas son pesadas; curvas;
y los bambúes hablan como sollozando.

Luna de otoño; las colinas se alzan junto a los lagos
contra el ocaso
La tarde es como una cortina de nubes,
10   una mancha sobre ondas; surcada por
picas largas y filosas de canela,
una tonada fría entre las cañas.
Tras la colina la campana del monje
llevada por el viento
15   La vela pasó por aquí en abril; puede volver en octubre
La barca se desvanece en plata; lentamente;
Fulgor solar solo sobre el río

Donde bandera color vino atrapa el ocaso
Dispersas chimeneas humean en la luz perpendicular

20 Comes then snow scur on the river
And a world is covered with jade
Small boat floats like a lanthorn,
The flowing water clots as with cold. And at San Yin
they are a people of leisure.

25 Wild geese swoop to the sand-bar,
Clouds gather about the hole of the window
Broad water; geese line out with the autumn
Rooks clatter over the fishermen's lanthorns,
A light moves on the north sky line;
30 where the young boys prod stones for shrimp.
In seventeen hundred came Tsing to these hill lakes.
A light moves on the south sky line

State by creating riches shd. thereby get into debt?
This is infamy; this is Geryon.
35 This canal goes still to TenShi
Though the old king built it for pleasure

KEI   MEN   RAN   KEI
KIU   MAN   MAN   KEI
JITSU   GETSU   KO   KWA
40 TAN   FUKU   TAN   KAI

Sun up; work
sundown; to rest

92

[20]   Viene entonces escara de nieve sobre el río

       Y un mundo se cubre de jade

       Un barco pequeño flota como una lámpara,

       El agua que fluye se coagula como de frío. Y en San Yin

       son un pueblo de ocio.

[25]   Ocas salvajes se abalanzan sobre el banco de arena,

       Nubes se reúnen en torno al hoyo de la ventana

       Agua amplia; las ocas se alinean con el otoño

       Grajos traquetean sobre los faroles de los pescadores,

       Una luz se mueve en el horizonte norte;

[30]   donde los muchachos pican piedras en busca de camarones.

       En mil setecientos vino Tsing a estos lagos de colinas

       Una luz se mueve en el horizonte sur

       ¿Al crear riquezas el Estado debería por tanto endeudarse?

       Esto es infamia; esto es Gerión.

[35]   Este canal llega sereno hasta TenShi

       Aunque el viejo rey lo construyó por placer

       KEI   MEN   RAN   KEI

       KIU   MAN   MAN   KEI

       JITSU   GETSU   KO   KWA

[40]   TAN   FUKU   TAN   KAI

       Alba; trabajo

       al poniente; para descansar

dig well and drink of the water
dig field; eat of the grain
45   Imperial power is? and to us what is it?

The fourth; the dimension of stillness
And the power over wild beasts.

cavar bien y beber del agua

cavar el campo; comer del grano

45 ¿Poder imperial es? ¿y para nosotros qué es?

La cuarta; la dimensión de la quietud

Y el poder sobre las bestias salvajes.

NOTAS *Versos 2-6:* esta descripción corresponde al poema que acompaña la escena 6 del libro *Sho-Sho Hekkei*, "Noche de lluvia en Sho-Sho". El texto fuente narra el pesar sentido por las viudas del legendario emperador Yü Shun, quienes vertiendo sus lágrimas sobre las cañas de bambú las tiñeron de púrpura, por lo cual crecen manchadas desde entonces. El resto del canto también alude a diversas escenas del *Sho-Sho Hakkei* ("Luna de otoño sobre el lago Dotei", "Barcas retronando de costas lejanas", "Nevada vespertina sobre el río", "Bruma sobre una ciudad de montaña", etc.), que Pound toma como base para su propia escritura. *Vv. 33 y ss.:* Pound aborda el tema económico, central en los *Cantos*; alude aquí a las doctrinas de presidentes T. Jefferson, A. Jackson y de M. van Buren. *V. 34:* Gerión es un monstruo mitológico al que Hércules dio muerte en uno de sus trabajos; Dante lo utiliza como alegoría del fraude en el séptimo círculo de su *Infierno* (canto XVII), y Pound lo asocia a la usura en numerosos cantos. *V. 31:* El rey es Yodai o Yang-ti, de la dinastía Ching, gran constructor de canales fluviales. *Vv. 37-40:* Clásico poema chino, vertido en fonética japonesa; el sinólogo S. Kodama traduce: "Nubes auspiciosas, brillantes y coloridas, / se tuercen y extienden. / El sol y la luna vuelcan sus rayos / una mañana tras otra". *Vv. 41-45:* Pound tomó de los cuadernos de Fenollosa un antiguo poema chino que sirve de base a estos versos; según esa fuente se trataría de una antigua canción popular que se cantaba golpeando el suelo, a modo de acompañamiento musical. Nótese la importancia que en esta pieza tiene la relación entre el trabajo y los ciclos de la naturaleza, en el marco de la prédica anticapitalista de Pound. *Vv. 47-48:* según un testimonio recogido oralmente, en este canto Pound habría intentado dar una "vislumbre del paraíso", idea que parece cifrarse en estos dos último versos y que, significativamente, es retomada en el breve canto que cierra su monumental obra, el número CXX, que comienza así: "He intentado escribir el Paraíso / no te muevas / deja que hable el viento / eso es paraíso". La crítica ha relacionada esta cuarta dimensión, la de la quietud, con "the still point of the turning world" de T. S. Eliot ("Burnt Norton", II, *Cuatro cuartetos*).

POR JARED SPEARS

La severidad y la simpatía de Ezra Pound:

Arthur Rimbaud y los simbolistas franceses

Una reciente carta traducida de 1928 a René Taupin. Jared Spears presentó y analizó una carta hasta ahora no traducida (originalmente escrita en francés) de Ezra Pound, de 1928, enviada al estudioso y crítico francés René Taupin:

La carta fue motivada por el análisis de Taupin sobre el Imaginismo, el movimiento vanguardista que Pound —un expatriado estadounidense— había ayudado a fundar en Londres después del comienzo del nuevo siglo. Taupin, entonces presidente de lenguas románticas en el Hunter College, afirmó que el Imaginismo era un movimiento imposible de considerar por separado del Simbolismo Francés (un argumento que culminaría en su libro de 1929, *La Influencia del Simbolismo Francés en la Poesía Moderna Norteamericana*). Para Pound, las afirmaciones de Taupin menospreciaban lo que él consideraba un singular logro de su propio movimiento literario. La carta de Pound a Taupin sirve como una refutación. Para sentar las bases de su argumento, Pound laboriosamente se encarga de demostrar que él y sus compañeros llegaron a sus propias conclusiones —un poco más, un poco menos— de forma independiente. Describe lo característico de su propio estilo como "un severo autoexamen, junto a la intolerancia por todos los errores y las estupideces de los poetas franceses".

Pound va a rastrear el flujo general de la innovación poética de los escritores franceses de finales del siglo XIX a través de Symons, Baudelaire y Verlaine. "Ciertamente, el progreso en la técnica poética", admite. Pero es a partir de Arthur Rimbaud que Pound traza el origen de la escritura moderna, un hecho de consenso general en la actualidad:

96

Lo que Rimbaud alcanzó por intuición (genio) en algunos poemas, creado a través de (¿tal vez?) una estética consciente —No quiero que le atribuyan a él ningún mérito injusto — Pero por todo lo que sé, estoy armando una estética más o menos sistemática — Y podría tomar ciertos poemas de Rimbaud como ejemplo. (Como también algunos poemas de Cátulo.)
Y lo cierto es que, más allá de algunos métodos de expresión, el desarrollo de la técnica poética desde 1830—hasta mí, se realizó en Francia.

Experimentación tal vez, pero no progreso… Continúa Pound con distintiva franqueza:

Desde Rimbaud, ningún poeta en Francia ha inventado nada fundamental. Hubo modificaciones interesantes, casi-invenciones, meras aplicaciones.

Pound se disocia deliberadamente de la influencia francesa directa. Aquí comienza a cuestionar los límites teóricos de la influencia poética entre los dos idiomas:

Con toda modestia, creo que yo ya estaba orientado… Antes de familiarizarme con los poetas franceses modernos. Por eso aproveché sus invenciones técnicas (como Edison o cualquier otro hombre que aprovechó los beneficios de los descubrimientos de la ciencia). Es probable que Francia haya aprendido de Italia y España. Inglaterra de Francia…
Pero Francia no puede absorber ni aprender nada del Inglés…
¿Existe un idioma Inglés capaz de expresar las líneas de Rimbaud? No estoy diciendo que un traductor no sea capaz de esto… ¿Pero existe este idioma? —¿Y desde cuándo?

§

◔ Extraído de ©Poetry Foundation, «Newly Translated Letter From Ezra Pound Clarifies Imagist Movement». Posted in Poetry News on Wednesday, July 1st, 2015 by Harriet Staff. Selección y traducción de ©Juan Arabia, 2015.

Cabaret Vert

(Arthur Rimbaud by Ezra Pound)

Wearing out my shoes, 8th day

On the bad roads, I got into Charleroi.

Bread, butter, at the Green Cabaret

And the ham half cold.

Got my legs stretched out

And was looking at the simple tapestries,

Very nice when the gal with the big bubs

And lively eyes,

Not one to be scared of a kiss and more,

Brought the butter and bread with a grin

And the luke-warm ham on a colored plate,

Pink ham, white fat and a sprig

Of garlic, and a great chope of foamy beer

Gilt by the sun in that atmosphere.

Cabaret Vert

(Arthur Rimbaud por Ezra Pound)

Desgastando mis suelas, ocho días

En malas carreteras, llegué a Charleroi.

Pan y manteca, en el Cabaret Verde,

Y el jamón medio frío.

Conseguí estirar mis piernas

Mientras observaba el simple tapiz,

Muy hermoso cuando la chica de grandes tetas

Y animados ojos,

—A esa sí que no la asustaba un beso—,

Trajo la manteca y el pan con una sonrisa

Y el tibio jamón en un plato de colores,

Jamón rosado, blanca grasa y una ramita

De ajo, y una gran jarra de espumosa cerveza

Dorada por el sol de esa atmósfera.

Visitas a Saint Elizabeths

This is the house of Bedlam.

This is the man
that lies in the house of Bedlam.

This is the time
of the tragic man
that lies in the house of Bedlam.

This is a wristwatch
telling the time
of the talkative man
that lies in the house of Bedlam.

This is a sailor
wearing the watch
that tells the time
of the honored man
that lies in the house of Bedlam.

Visitas a Saint Elizabeths

El poema hace referencia al hospital psiquiátrico donde la bonhomía del gobierno norteamericano encerró durante más de dos décadas, cuando ya contaba casi sesenta años, a Ezra Pound (1885-1972), acusado de colaborar con el fascismo italiano. Luego de entrar en Italia, los aliados capturaron al poeta y lo exhibieron públicamente, durante algunos meses, en una jaula de hierro diseñada expresamente para que no pudiera ponerse de pie.

Este es el manicomio.

Este es el hombre trágico
que yace en el manicomio.

Este es el tiempo
del hombre trágico
que yace en el manicomio.

Este es un reloj pulsera
que dice la hora
del charlatán
que yace en el manicomio.

Este un marino
usando el reloj
que dice la hora
del afamado hombre
que yace en el manicomio.

This is the roadstead all of board
reached by the sailor
wearing the watch
that tells the time
of the old, brave man
that lies in the house of Bedlam.

These are the years and the walls of the ward,
the winds and clouds of the sea of board
sailed by the sailor
wearing the watch
that tells the time
of the cranky man
that lies in the house of Bedlam.

This is a Jew in a newspaper hat
that dances weeping down the ward
over the creaking sea of board
beyond the sailor
winding his watch
that tells the time
of the cruel man
that lies in the house of Bedlam.

This is a world of books gone flat.
This is a Jew in a newspaper hat
that dances weeping down the ward

Este es el muelle de madera
adonde arriba el marino
que usa el reloj
que dice la hora
20 del viejo hombre de coraje
que yace en el manicomio.

Estos son ahora los años y los muros del salón,
los vientos y los nubarrones del mar entablonado
gobernados por el marino
25 que usa el reloj
que dice la hora
del irritado hombre
que yace en el manicomio.

Este es un judío que bailotea sollozando
30 con un sombrero de papel de diario por todo el salón,
sobre el crujiente mar de las tablas del piso,
allí… más allá del marino,
que le da cuerda al reloj
del cruel sujeto
35 que yace en el manicomio.

Este es un mundo de libros derruidos.
Este es un judío con sombrero de diario
que bailotea sollozando por todo el salón,
sobre las tablas del mar crujiente

40 over the creaking sea of board
of the batty sailor
that winds his watch
that tells the time
of the busy man
45 that lies in the house of Bedlam.

This is a boy that pats the floor
to see if the world is there, is flat,
for the widowed Jew in the newspaper hat
that dances weeping down the ward
50 waltzing the length of a weaving board
by the silent sailor
that hears his watch
that ticks the time
of the tedious man
55 that lies in the house of Bedlam.

These are the years and the walls and the door
that shut on a boy that pats the floor
to feel if the world is there and flat.
This is a Jew in a newspaper hat
60 that dances joyfully down the ward
into the parting seas of board
past the staring sailor
that shakes his watch
that tells the time

40   del piradísimo[1] marino
que le da vueltas y vueltas a las manecillas del reloj
que dice la hora
del muy ocupado sujeto
que yace en el manicomio.
45

Este es un muchacho que patea el piso
a ver si sigue allí y continúa siendo chato,
para el judío viudo con sombrero de papel
que bailotea sollozando por todo el lugar,
valseando a todo lo largo de un listón que sube y baja,
50   al lado del silencioso marino
que ahora está atento sólo al tic-tac del reloj
que dice la hora
del hombre aburrido
que yace en el manicomio.
55

Estos son los años transcurridos y los muros y la salida
que se cierran sobre el muchacho que patea el piso
para comprobar si continúa allí y sigue siendo chato.
Este es un judío con sombrero de papel
que bailotea ya por debajo del salón, con deleite,
60   atravesando las divididas olas del mar de tablas,
más allá del marino
que sacude su muñeca
con la vista fija en el reloj
que dice la hora

65   of the poet, the man
that lies in the house of Bedlam.

This is the soldier home from the war.
These are the years and the walls and the door
that shut on a boy that pats the floor
70   to see if the world is round or flat.
This is a Jew in a newspaper hat
that dances carefully down the ward,
walking the plank of a coffin board
with the crazy sailor
75   that shows his watch
that tells the time
of the wretched man
that lies in the house of Bedlam.

65   del poeta y el hombre

que yace en el manicomio.

Este es el soldado que volvió a casa de la guerra,

Estos son los años y los muros y la puerta

que se cierran sobre un muchacho que patea el piso

70   para comprender si la tierra es redonda o chata.

Este es un judío que usa un sombrero de diario

mientras bailotea meticulosamente por todo el salón,

caminando sobre la tapa de un féretro

con el marino chiflado

75   que exhibe su reloj,

el que dice la hora

del hombre desgraciado

que yace en el asilo de los dementes.

1 La casi siempre refinada Bishop emplea aquí una expresión muy poco usual en su poesía, "batty", que pertenece al slang de Nueva York. La convierto en este otro vocablo, habitual en el habla coloquial más reciente de la Argentina, creyendo encontrar el mismo tono. Los términos "demente" o "chiflado" estimo que no llegan a él, desde un circunspecto español que no toca las alturas (y las honduras) expresivas de ningún caló, lunfardo o germanía. Mucho menos correcto me parece emplear el adjetivo "psicótico", reservado para las traducciones perpetradas por las almas buenas al tono de nuestra época.

POR NOEL STOCK

PosData

Regreso a Italia 1958/1972

Pound cumplió los ochenta años el 30 de octubre de 1965 y se publicaron artículos y homenajes en numerosos periódicos y revistas de Inglaterra, Estados Unidos, Alemania, Francia e Italia, siendo también objeto de programas de radio y televisión; él, por su parte, lo celebró haciendo un viaje a Grecia.

Una noche, en junio de 1966, después del café y el coñac, en la casa que Miss Rudge tenía en Venecia, habló en voz baja de los primeros años de su vida respondiendo a preguntas que le hacía un profesor americano sobre su relación con John Butler Yeats, el padre del poeta, en Nueva York, en 1910-1911; cuando Daniel Cory, que también se hallaba presente, mencionó a Sara Teasdale preguntando si Pound había leído su obra, miró con dureza y contestó: "Recuerdo el nombre pero no la poesía". En la casa de Venecia, a principios de octubre, Cory sacó el tema de los *Cantos* y las conflictivas opiniones que éstos habían suscitado. Pound intervino con firmeza describiendo la obra como "*botched job*". Y cuando Cory insistió "¿quiere decir usted que no salió bien?", contestó el poeta: "Claro que no salió bien. A eso me refiero cuando digo que lo hice de una forma imperfecta". Entonces pasó a describir un escaparate repleto de diversos objetos: "Escogí esta cosa y aquella otra que me interesaban, y las metí todas revueltas en una bolsa. Y no es esa la forma", dijo él, "de hacer" —y aquí hizo una pausa— "*una obra de arte*".

En junio de 1967 fue a París con ocasión de la publicación del *ABC de la lectura*, *How to Read* y *The Spirit of Romance*; según *Quinzaine littéraire*, en una reunión con los críticos franceses mantuvo un "obstinado silencio", respondiendo a las preguntas con un aire distante. En ocasiones se preocupaba por el dinero, aunque no tenía por qué, y se introducía en períodos de profunda depresión; pero aún podía viajar y leer en público y mostraba una imponente figura, con el pelo y la barba blancos, ante las cámaras de televisión de Italia y otros países. En Sant´Ambrogio paseaba por las colinas, por un paisaje de cipreses y olivos, desde donde se veía a lo lejos las rocas y el mar. Con Miss Rudge, y en ocasiones con algún visitante, iba a ver la pequeña iglesia de Sant´Ambrogio y a tomar café o a comer bajo los árboles en el restaurante local. También le gustaba pasear por Venecia, y nunca se cansaba de los canales, los puentes, la red de aceras y pasadizos, la sucesión de fanfarrias arquitectónicas y la armonía de las viejas piedras y el mar que discurría. En un escrito hecho para la reimpresión de su primer libro en prosa *The Spirit of Romance*, recordaba Pound cómo la carta de presentación de un agente de viajes de Filadelfia le había ayudado a encontrar un trabajo de profesor en Londres en 1909, y cómo aquellas clases se habían convertido en *The Sipirit of Romance*. Le dedicaba el libro "a Smith, dándole las gracias" en la reimpresión de 1968.

El 4 de junio de 1969 Pound y Miss Rudge fueron a Nueva York en avión para pasar quince días en los Estados Unidos. Era el primer viaje que hacía hasta allí desde su partida a bordo del *Cristoforo Colombo* once años antes. Aunque había recibido una serie de invitaciones en los últimos años, incluso una, en 1968, del rector de Yale, y había estado a punto de ir muchas veces, estas intenciones nunca eran llevadas a su consecución. La visita, cuando se produjo, constituyó una sorpresa para su editor James Laughlin, que hizo las veces de anfitrión.

El 5 de junio asistía Pound a la reunión anual de la Academia de Poetas Americanos, en la Sala de Juntas de la Biblioteca Pública de Nueva York. Se sentó en una enorme butaca en la parte delantera, sin hablar, pero se levantaba para dar la mano siempre que se acercaba algún admirador. Al día siguiente, acompañados por su nieto Walter de Rachewiltz, fueron a la casa que Laughlin tenía en Norfolk, Connecticut. Pound dio unos cuantos paseos breves por el campo y un día se sentó a ver nadar a los niños en un lago cercano. Henry, el hijo menor de

Laughlin, quedó fascinado por el uso que hacía Walter de la palabra italiana *nonno*, que significa abuelo. Al preguntarle Henry a Pound si también él podía llamarle *nonno*, el poeta contestó rápidamente que se sentía "Honrado". El domingo 8 de junio partió hacia el Hamilton College, en Clinton, Nueva York, donde iba a recibir Laughlin el título honorario de Doctor en Letras. Era la primera visita que hacía Pound a su antiguo college desde que él mismo recibiera el título de doctor honoris causa en 1939. Comió en casa de un catedrático de Inglés, Austin Briggs; según Mrs. Briggs, "apenas dijo nada" durante la comida.

Como creían que el desfile académico anual sería demasiado duro para Pound, las autoridades dispusieron que él ocupara la plataforma antes de que el resto se hubiera reunido. Vestido con el traje académico fue conducido desde una entrada lateral por un oficial del collage portando el bastón y los estudiantes le recibieron de pie con una ovación cuando fue presentado por el director, John Chandler. Se sentó junto a Laughlin en la plataforma y, aunque no habló en ningún momento, después estuvo dando la mano a la gente. Al día siguiente, 9 de junio, Pound y Miss Rudge fueron a Nueva York, donde Laughlin les prestó el piso que tenía en Bank Street, Greenwich Village. Todos los días elaboraba Miss Rudge un programa que no le cansara. Visitaron la Biblioteca Pública de Nueva York para ver el borrador de *La Tierra Baldía* de Eliot, con todos los cortes y sugerencias escritos por Pound. Allí vieron a la viuda de Eliot, Mrs. Valerie Eliot, que estaba preparando el borrador para su publicación. Otro día fueron a una exposición de Hans Arp y una noche cenaron con Mrs. Hemingway en el restaurante Voisin. También cenaron en el apartamento de Robert Lowell y visitaron a Marianne Moore, que estaba confinada en una silla de ruedas. Laughlin ofreció una serie de cenas no muy numerosas en su honor en el restaurante Dorgene, que se hallaba frente a White Horse Tavern, en el Village. Pound apenas hablaba, aunque seguía las conversaciones. Paseó mucho por Greenwich Village y en una de esas salidas visitó a los empleados de la oficina de publicaciones de New Directions.

Pound y Miss Rudge tenían pensado también hacer un viaje al lugar de nacimiento de Pound, Hailey, en Idaho, pero abandonaron la idea muy sabiamente al descubrir lo largo y fatigoso que sería el viaje. Numerosos periodistas intentaron hacerle reportajes durante su estancia, pero no fue concedido ninguno. Laughlin explicó que Pound no hablaba; y que en cualquier caso había dicho todo lo que tenía que decir en sus libros, los cuales, tanto los periodistas como el público podían libremente leer. Pound y Miss Rudge volvieron a casa en avión, vía París, el 18 de junio.

Estaba ahora totalmente retirado del mundo, pero aún era capaz de provocar controversias como ningún otro poeta de su tiempo. En una ocasión, una invitación para que visitara la Universidad de Maine fue retirada en el último momento al darse cuenta las autoridades de quién era Pound; y en 1972, al ser propuesto su nombre para la medalla Emerson-Thoreau de la Academia Americana de las Artes y las Ciencias, estallaron discusiones dentro de la academia acerca de sus opiniones políticas y su actitud hacia los judíos. Las discusiones fueron recogidas por la prensa en diversas partes del mundo. No recibió la medalla.

Habiendo muerto Yeats, Joyce, Lewis y Eliot, era él el último superviviente entre los hombres importantes de los años de formación del "movimiento vanguardista" de la literatura inglesa; movimiento en el que él había desempeñado un papel importante, no sólo como innovador y renovador del lenguaje, sino como empresario y agente de publicidad, recaudador de fondos y botones. Posteriormente perdió el contacto con lo que iba ocurriendo en las letras inglesas de tal modo que en 1959 poco o nada sabía de escritores como Dylan Thomas, Hart Crane y Evelyn Waugh; pero su influencia estaba presente en todas partes en la forma en que quienes vinieron después de él podían mirar con frescura los problemas y responsabilidades que trae consigo la conservación del lenguaje. Y aunque después de 1920 generalmente sus juicios sobre la literatura contemporánea eran pobres y se adhería con innecesaria obstinación a ciertas ideas sobre períodos anteriores bastante sesgadas, nunca perdió el contacto con el lenguaje en sí. En la década de 1930 cuando se conducía a sí mismo con fervor egotista al borde de la locura aún podía componer los cantos de la usura (n° 45 al 51), admirablemente controlados e impersonales a pesar de su fuerza, y el canto 40, que se impone por su tranquilidad; y en el *Canto Pisano* fue capaz en ocasiones de mezclar, con la economía del maestro, recuerdos ricamente revividos con los colores del atardecer sin que se pierda ningún elemento esencial del habla natural.

En aquel hombre, no importa lo difícil y obstinado que pudo haber sido en ocasiones, hubo mucho que admirar, destacando una generosidad de espíritu causante de que anhelara y trabajara en busca de la belleza y la justicia y soñara con un reino donde la belleza perfecta pudiera fundirse con la justicia perfecta. Pero el mundo le conocerá principalmente como esa extraña cosa que es un poeta. Y cuando las emisoras de radio y las modas, la economía y el sentido de la justicia no sean sino notas a pie de página de alguna historia erudita, los hombres le recordarán por haber sido uno de los pocos a quien se ha concedido el don de dar a las palabras aquello que está más allá de ellas. Si recuerdan al hombre, será a causa de esto, y las imágenes que les vendrán a la mente serán con mayor probabilidad aquellas asociadas con esa forma esencial de estar fuera del mundo que se halla presente en toda poesía. Verán a un hombre de sesenta años en un campo de prisioneros soñando con una ciudad celestial "ahora indestructible en la mente", o a un hombre, sin un centavo, sin futuro, sentado en las escaleras de las aduanas de Venecia en 1908 contemplando los palacios y torres, el cambio de la luz y los colores, y escribiendo en su cuaderno poemas a la "Venecia de los sueños".

Pound moría en Venecia el 1 de noviembre de 1972, a la edad de ochenta y sietes años, y era enterrado en el cementerio cercano de la isla de San Michele. Dorothy Pound murió un año después, el 8 de diciembre de 1973, cerca de Cambridge, Inglaterra.

§

Selección de ©Noel STOCK "22. Regreso a Italia 1958/1972", en Ezra Pound.
Traducción de ©Ana Sánchez. Edicions Alfons el Magnanim.
Institució Valenciana. Valencia, 1989, pp. 562-567.

«He aquí el gusto de mis botas;
Acarícienlas,
Limpien el betún con la lengua.»

Ezra POUND. Salutación Tercera.

A g r a d e c i m i e n t o s :

Todos los textos incluidos en este volumen —con la excepción de los respectivos trabajos de William Carlos Williams y T. S. Eliot— fueron escritos especialmente para este número especial de ©Buenos Aires Poetry sobre Ezra POUND.

Agradecemos, por tanto, los valiosos aportes de Marcelo G. Burello, Lucas Margarit, Neil Leadbeater y Jared Spears; las traducciones de Luis Benítez, Ramiro Vilar, Florencia Evia, Juan Carlos Villavicencio & Armando Roa Vial. Otra compensación —no menos válida— para Pablo Pozos, de Arcadia Libros, por permitirnos recuperar (y ahora reproducir, al menos fragmentariamente) el exhaustivo trabajo de Noel STOCK.

§

Impreso en Buenos Aires,

Septiembre 2015

©Buenos Aires Poetry

www.buenosairespoetry.com

www.ingramcontent.com/pod-product-compliance
Lightning Source LLC
Chambersburg PA
CBHW080716120726
48001CB00010B/3043